カンタン英語で
浄土真宗入門

An Introduction to Shin Buddhism in Simple
English for the Japanese Reader

大來尚順 著

法藏館

目　次

第1章
浄土真宗の基本

5

6　浄土真宗

8　親鸞聖人

10　阿弥陀仏（阿弥陀如来）

12　念仏

14　南無阿弥陀仏

16　浄土真宗の聖典
　　浄土三部経
　　顕浄土真実教行証文類（教行信証）
　　正信念仏偈（正信偈）
　　恩徳讃
　　歎異抄
　　和讃
　　御絵伝／御伝鈔
　　御文章（御文）

23　《英語で説明してみよう》
　　01「摂取不捨」

24　聖徳太子

26　七高僧

28　蓮如上人

30　門主／門首／法主

32　門徒

34　本願

第2章
浄土真宗の教え

37

38　他力／自力

40　信心

42　摂取不捨

44　回向

46　煩悩

48　回心

50　倶会一処

52　浄土

54　往生

56　悪人正機

59　《英語で説明してみよう》
　　02「浄土」

60　愚禿

63　《英語で説明してみよう》
　　03「煩悩」

64　非僧非俗

67 第3章 **浄土真宗の仏事**	93 英語で読み解く『正信念仏偈』 125 あとがき

68 勤行
70 法要／法事
72 焼香
74 斎
76 降誕会
78 報恩講
80 永代経法要
82 彼岸
84 盆
86 念珠
88 布施
90 法話

第1章
浄土真宗の基本

Basics of Shin Buddhism

Basics

浄土真宗
じょう ど しん しゅう

Shin Buddhism (Jodo Shinshu)
シン　　　ブディズム

基本単語

Essence：本質
Head Temple：本山
Headquarters：本部

「浄土真宗」を英語にすると、固有名詞なので日本語の発音のまま「**Jodo Shinshu**」と表記することもありますが、より一般的なのは「**Shin Buddhism**」という表現です。意味を忠実に英語にする場合は、「**The True Essence of Pure Land Buddhist Teaching**」（浄土教の真実の要）となります。西洋ではたまに「**Shin**」とだけ呼ぶこともあります。

　浄土真宗を英語でくわしく説明するときは、「**Shin Buddhism or Jodo Shinshu is one of the Japanese Pure Land Buddhist sects, which was established by Shinran Shonin**」（浄土真宗は、親鸞聖人によって開かれた、日本の浄土教の一宗派です）と表現するとよいでしょう。日本の浄土教という仏教宗派のカテゴリーには、浄土真宗のほかに浄土宗（宗祖：法然上人）、時宗（宗祖：一遍聖人）、融通念仏宗（宗祖：良忍上人）も含まれます。

　また、浄土真宗という宗派はさらに次の **10** 派に分かれています（括弧は本山の名称〈通称〉）。

①浄土真宗本願寺派（西本願寺）
②真宗大谷派（東本願寺）
③真宗高田派（専修寺）
④真宗興正派（興正寺）
⑤真宗佛光寺派（佛光寺）
⑥真宗木辺派（錦織寺）
⑦真宗出雲路派（毫摂寺）
⑧真宗誠照寺派（誠照寺）
⑨真宗三門徒派（専照寺）
⑩真宗山元派（證誠寺）

　それぞれローマ字で読みますが、最後に「**School**」という言葉をつけて「派」を強調する場合もあります。たとえば、浄土真宗本願寺派は「**Jodo Shinshu Hongwanji-ha**」もしくは「**Jodo Shinshu Hongwanji School**」と表現できます。

　ちなみに、各宗派にはそれぞれ「本山」（仏教宗派内において、特別で中心的な位置づけをされている寺院）と呼ばれる寺院があり、英語では「**head temple**」「**headquarters**」と呼ばれます。

Shin Buddhism Basics

親鸞聖人
しんらんしょうにん

Shinran Shonin
シンラン　ショウニン

基本単語

Honorific：敬称の
Respected：尊敬される

浄土真宗の宗祖「親鸞聖人」は、英語では固有名詞なので、そのまま「Shinran Shonin」と表現します。ちなみに宗祖という言葉は、一宗派の創始者という意味で、英語では「founder」といいます。ここで気になるのは「聖人」という言葉だと思いますが、英語ではそのままローマ字にして「Shonin」と表記されます。しかし、説明を求められたときには、「**"Shonin" is one of the honorific titles for a person who is highly respected or considered special.**」(「聖人」は「特別な人」を指す称号です)と回答できます。

もともと「聖人」とは、「念仏聖」を意味し、日本中世時代の民衆のあいだに「南無阿弥陀仏」と称える念仏の教えを説き、浄土教を伝道していた人々の総称でした。「念仏聖」の人々は、その当時はあまり重要視されていなかった念仏の教えを、誰にでも実践できる浄土に至るための行として説いて回っていました。ある意味、下級の民間布教者として認識されており、そのような人々に与えられた称号が「聖人」だったのです。

それに対して朝廷などから認知された徳の高い僧侶には、「上人」という称号が与えられました。しかし、時間の経過とともに、「聖人」は「上人」よりも崇高な人であると解釈されるようになり、親鸞「聖人」と呼ばれるようになって今日に至ります。

じつは、「親鸞聖人」がお亡くなりになってからしばらくは、「上人」と記される時代があったようです。しかしその後、本願寺の住職を「上人」と呼ぶようになり、「親鸞聖人」を浄土真宗の宗祖という特別な存在として認識するため、改めて上記のように解釈された意味での「聖人」と呼ぶようになったそうです。

「聖人」という言葉には、じつは「親鸞聖人」の目指された、皆が平等に救われていく道を説き生き抜かれた姿と、宗祖としての特別性という**2**つの意味が含まれていることになるのです。

Shin Buddhism Basics

阿弥陀仏
（阿弥陀如来）

Amida Buddha (Amida Tathāgata)
アミダ　　ブッダ　　　アミダ　　タターガタ

基本単語

Principal：根本の、最重要な
Representation：表現、描写
Immeasurable：量り知れない、限りない

寺院などで、礼拝の対象として安置されるもっとも主要な仏・菩薩像を「本尊(ほんぞん)」といいます。英語で「**principal**（もっとも重要な）**image / representation**（像）**of buddha**」と表現します。日本の仏教宗派は「本尊」がそれぞれ異なり、浄土真宗の本尊は「阿弥陀仏(あみだぶつ)」です。「阿弥陀如来(あみだにょらい)」と呼ぶこともあります。阿弥陀仏は、通常は英語で「**Amida Buddha**」と表現します。

　阿弥陀仏の「阿弥陀」は、サンスクリット語の「**Amitābha**」と「**Amitāyus**」に由来します。それぞれに共通する「**amita**」は、「**a**」と「**mita**」から成り立っており、「**a**」は否定語を意味し、「**mita**」は「量(はか)る」を意味します。つまり、「**amita**」は「量ることができない」ということを表します。

　「**Amitābha**」の「**ābha**」は「光」を意味するので、「**Amitābha**」は「量り知れない光」という意味で「無量光(むりょうこう)」と漢訳され、英語では「**Immeasurable**（量ることのできない）**Light**（光）」となります。

　一方、「**Amitāyus**」の「**āyus**」は「寿(いのち)」を意味するので、「**Amitāyus**」は「量り知れない寿」という意味で「無量寿(むりょうじゅ)」と漢訳され、英語では「**Immeasurable**（量ることのできない）**Life**（寿）」となります。ですから、阿弥陀仏を英語でくわしく説明すると、「**Buddha of Immeasurable Light / Life**」（無量光仏／無量寿仏）となります。

　また、「如来」とは諸仏の尊称で、サンスクリット語の「**Tathāgata**」をそのまま使用することがほとんどです。英語にすると、「**one who has thus gone**」（すでに行っている）、または「**one who has thus come**」（すでに来ている）となります。「阿弥陀如来」という場合は、「阿弥陀仏」を敬い尊ぶ呼び方です。英語では「**Amida Tathāgata**」と表現されます。

浄土真宗の基本　10／11

Shin Buddhism Basics

念仏
<small>ねん　ぶつ</small>

Reciting the Name of Amida Buddha
<small>リサイティング　ザ　ネーム　オブ　アミダ　ブッダ</small>

(Nembutsu)
<small>ネンブツ</small>

基本単語

Contemplate：熟考する、観ずる

Take refuge in：帰依する、拠り所とする

もともと、「念仏」とは仏を念ずる（イメージする）ことを意味し、仏の理法（道理／真理）を念ずる「法身の念仏」(thinking on the Dharma Body / Truth of Buddhism) や、仏の姿や功徳（はたらき）を心に観ずる「観念の念仏」(contemplating on the Buddha) を指しました。

　しかし、浄土真宗においては、念仏は「仏」の名前をお称えすることを意味します。その仏とは阿弥陀仏（阿弥陀如来）です（p.10参照）。よって、英語にすると、「reciting（くり返し称える）the Name of Amida Buddha（阿弥陀仏の名前を）」となります。

　しかし、実際に念仏を称えるときは、「南無阿弥陀仏」と称えます（p.14参照）。この「南無阿弥陀仏」の「南無」は「南が無い」という意味ではなく、「帰依」（拠り所とする／身を預ける）を意味し、「take refuge in」と英訳します。つまり、「南無阿弥陀仏」は、英語では、「I（私は）take refuge in（拠り所とします）Amida Buddha（阿弥陀仏を）」となるのです。

　また、浄土真宗の「念仏」は「南無阿弥陀仏」とお称えすることですが、これには2つの意味があります。

　1つは、阿弥陀仏の「呼び声」です。「大事な教えに気づきなさい」「そのままでよい」「安心しなさい」「必ず救うぞ」と阿弥陀仏が私たちに呼びかけてくださっている「はたらき」という解釈から、「Amida's calling」（阿弥陀仏の呼び声）という言い方もします。この「呼び声」を聞くことを「聞名」(hearing the Name) といいます。

　そして、もう1つの意味は、その阿弥陀仏の「呼び声」に対する私たちの「返答」です。この「返答」は、別の言い方をすれば、私たちの感謝の表れです。これを「称名」(reciting the Name) といいます。「呼び声」を受け取ったとき、自然と口から溢れるのが「念仏」なのです。よって、「our gratitude」「our response for Amida's calling」とも表現できます。

浄土真宗の基本　12／13

Shin Buddhism
Basics

南無阿弥陀仏
な も(む) あ み だ ぶ つ

I take refuge in Amida Buddha.
アイ テイク レフュージ イン アミダ ブッダ

基本単語

Hindrance：妨害、障害
Inconceivable：想像を越えた、考えも及ばない
Direction：方向

浄土真宗では、「南無阿弥陀仏」という6字の名号（仏・菩薩の称号）をお称えすることを念仏（p.12参照）といいます。ちなみに名号は英語で「the Name」とも表します。

　「南無阿弥陀仏」の「南無」は、サンスクリット語「namo」（ナモー）の音写です。「南無」という漢字自体には意味はありません。大事なのは原語「namo」の意味です。これは「帰依する」を意味し、英語では「**take refuge in**」と表現します。よって、「南無阿弥陀仏」は「（私が）阿弥陀仏に帰依する」という意味となり、英語では「**I take refuge in Amida Buddha.**」となります。

　また、名号によっては、「namo」に音写の「南無」ではなく、元来の「帰依する」という意味を漢訳した「帰命」という漢字をあてることもあります。実際、親鸞聖人は「南無阿弥陀仏」という六字名号のほかに、「帰命尽十方無碍光如来」という十字名号を書き記されています。

　「尽十方無碍光如来」とは阿弥陀仏の別称です。「尽十方」の「十方」は、英語では「**ten directions**」と表現します。「十方」とは東・西・南・北の四方、北東・南東・南西・北西の四維、上・下の合わせて10の方角を指しますが、実際は全世界を意味します。「無碍光」は「碍の無い光」と読み、さまたげられることのない阿弥陀仏のはたらきかけを表現しています。英語では、「**light of no hindrance**」となります。よって、「尽十方無碍光如来」とは、「何にもさまたげられることなく全世界を照らす仏」である阿弥陀仏を指し、英語では「**Buddha (Tathāgata) of unhindered light.**」となります。

　さらに、親鸞聖人は阿弥陀仏を「不可思議光如来」「南無不可思議光如来」とも称されました。「不可思議光」とは、「思議（考えめぐらすこと）することができない」という阿弥陀仏のはたらきを描写しています。これを英語すると「**Buddha (Tathāgata) of inconceivable light**」となります。

浄土真宗の基本　14／15

Shin Buddhism Basics

浄土真宗の
聖典

Scriptures of Shin Buddhism

浄土三部経
Three Pure Land Sutras

基本単語 > Sutra：経、経典

「浄土三部経」は浄土真宗で重要とされる3つの経典を指し、英語では「**Three Pure Land Sutras**」といいます。その3つの経典とは、『仏説無量寿経』『仏説観無量寿経』『仏説阿弥陀経』のことです。これらはそれぞれ、以下のように英訳されます。

『仏説無量寿経』：
The Sutra of the Buddha of Immeasurable Life
『仏説観無量寿経』：
The Sutra of Contemplation of the Buddha of Immeasurable Life
『仏説阿弥陀経』：
The Sutra on Amida Buddha

さらにこれらの経典には略称もあり、『仏説無量寿経』は『大経』(Larger Sutras)、『仏説観無量寿経』は『観経』(Contemplation Sutras)、『仏説阿弥陀経』は『小経』(Smaller Sutra)とも呼ばれます。

顕浄土真実教行証文類（教行信証）
A Collection of Passages Revealing the True Teaching, Practice and Realization of the Pure Land Way

基本単語 > Passage：（文などの）一節
> Reveal：明らかにする
> Realization：証する、実現

『顕浄土真実教行証文類』は親鸞聖人がお書きになった「教」「行」「信」「証」「真仏土」「化身土」の 6 巻から成る書物で、略して『教行信証』とも呼ばれます。多くの仏教経典などからの引用をもとに、親鸞聖人が、ご自身の信仰や思想を体系的に論じられたものです。

どの仏教宗派にもその宗派の教えの拠り所となる『聖典』（Sacred Books / Scriptures）と呼ばれるものがありますが、浄土真宗で『聖典』という場合は、この『顕浄土真実教行証文類』を指します。英語では、「A Collection of Passages Revealing the True Teaching, Practice and Realization of the Pure Land Way」と訳されます。これを日本語に再翻訳すると「浄土教の真実の教え、行い、実現を明らかにする文章のまとめ」となります。

正信念仏偈（正信偈）
Hymn of True Shinjin and the Nembutsu

基本単語 ＞ Hymn：讃歌、聖歌

『正信念仏偈』とは、『顕浄土真実教行証文類』の「行巻」の末尾に所収されている偈文（詩）で、一般には略して「正信偈」の名で知られている、浄土真宗ではもっとも親しみのある偈文です。浄土真宗の要義大綱が 7 言 60 行 120 句の偈文にまとめてあります。

本願念仏の教えが、釈尊の時代から七高僧（龍樹菩薩・天親菩薩・曇鸞大師・道綽禅師・善導大師・源信和尚・源空上人。p.26 参照）を経て、親鸞聖人ご自身にまで正しく伝えられてきた、深い感銘の味わいが詩として綴られています。英語では、「Hymn of True Shinjin and the Nembutsu」と表記します。

恩徳讃
Hymn of Virtuous Gratitude

基本単語
- Verse：韻文、詩節
- Virtuous：有徳の、徳の高い
- Gratitude：感謝、誠意
- Benevolence：慈悲心
- Compassion：慈悲
- Endeavor：努力する

「恩徳讃」とは、親鸞聖人が著した『正像末和讃』に書かれている和讃（p.20 参照）の１つです。和讃とは和語で書かれた讃歌で、浄土真宗の法要などで節をつけて歌われ、親しまれています。阿弥陀仏のはたらきに感謝する浄土真宗の門徒の心の歌ともいわれています。英語では「**Hymn of Virtuous Gratitude**」（恩徳に感謝する詩）もしくは「**In Gratitude**」（感謝のこころから）と表現できます。

如来大悲の恩徳は、
身を粉にしても報ずべし
師主知識の恩徳も、
骨を砕きても謝すべし

Such is the benevolence of Amida's great compassion,
That we must strive to return it, even to the breaking of our bodies;
Such is the benevolence of the masters and true teachers,
That we must endeavor to repay it, even to our bones becoming dust. *

* *The Collected Works of Shinran* (Kyōto: Jōdo Shinshū Hongwanji-Ha, 1997), p.412. 以下 *CWS*.

歎異抄
A Record in Lament of Divergences

基本単語 ＞ Lament：嘆き悲しむ、哀悼する
Divergence：分岐、逸脱、（意見などの）相違

　親鸞聖人や浄土真宗の代表的な書物は何かと聞かれると、多くの方々が『歎異抄』とお答えになります。『歎異抄』は、浄土真宗の教えのエッセンスが詰まっている書物ではありますが、じつは親鸞聖人が書かれたものではありません。これは親鸞聖人の弟子である唯円という僧侶が、親鸞聖人が亡くなった後に記したものです。

　全18条から成り、前半部分である第1条から第10条は、唯円が親鸞聖人から直接聞いたことを記し、後半部分である第11条から18条は、親鸞聖人が亡くなった後に門徒のあいだで起こった教えの誤解などを批判した内容となっています。

　つまり、この書物は親鸞聖人没後、師説に背く門徒間の異端の発生を嘆き、誤解を正すことを目的に書かれたのです。この思いは書名の『歎異抄』に明確に表れています。「歎異抄」という言葉を書き下すと、「異なりを嘆く抄（抜き書き）」となり、英語では「**A Record**（記録）**in Lament**（嘆き）**of Divergences**（逸脱）」（教えの逸脱を嘆く記録の書）となります。

和讃
Hymn

基本単語 ＞ Praise：称賛する
Stanza：詩節

　「和讃」とは、仏教の教義や仏・菩薩あるいは高僧の徳などを、梵讃・

漢讃にならって、和語でたたえるものです。七五調の四句が多く、曲調をつけて詠じる歌を意味します。

浄土真宗には、『三帖和讃』(Hymns in Three Verses) というものがあります。これは親鸞聖人が数多くお書きになった「和讃」を分類した『浄土和讃』(Hymns of the Pure Land)、『高僧和讃』(Hymns of the Pure Land Masters)、『正像末和讃』(Hymns of the Dharma-Ages) の3つの総称です。和語を用い、仏徳を平易で親しみやすく讃嘆しています。真宗高田派では、これらに『皇太子聖徳奉讃』(Hymns in Praise of Prince Shotoku) を加えて『四帖和讃』(Four Stanzas of Hymns) と総称することもあります。

御絵伝
An Illustrated Biography of Shinran Shonin

御伝鈔
Biography of Shinran Shonin

基本単語 > Illustrate：説明する、例証する
Biography：伝記、一代記

親鸞聖人の生涯が綴られた「絵詞」を『本願寺聖人伝絵』といいます。これは、親鸞聖人の曾孫にあたる本願寺第3世の覚如上人によって作られました。

この『本願寺聖人伝絵』の「絵」の部分を縦型の4幅(2幅の場合もあります)の掛軸にしたものを「御絵伝」と呼びます。英語では「**Illustrated Biography of Shinran Shonin**」、そして「詞」の部分は「御伝鈔」と呼ばれ、英語では「**Biography of Shinran Shonin**」となります。浄土真宗寺院では、親鸞聖人の命日に執り行われる「報恩講法要」(p.78参照) に際して、本堂の余間に「御絵伝」を奉懸し、「御伝鈔」を読み上げます。

御文章（御文）
Letters of Rennyo Shonin

基本単語 ＞ Tradition：伝統
　　　　　　 Ash：遺灰、遺骨

　本願寺第8世「蓮如上人」（**p.28**参照）は、歴代の本願寺宗主のなかでも「中興の祖」として尊敬される方です。さまざまな苦難を乗り越えて浄土真宗の布教に尽力されました。なかでももっとも著しい活動の1つが、全国のご門徒に手紙を書き布教をされたことでした。

　この「蓮如上人」のお手紙をまとめたものを「御文章」「御文」「御勧章」と呼び、英語では、「**Letters of Rennyo Shonin**」となります。現在でも大切な教えとして、浄土真宗の仏事では「聖人一流章」（**The Tradition of Shinran Shonin**）、「白骨章」（**White Ashes**）などが読み親しまれています。

英語で説明してみよう

01「摂取不捨」
せっしゅふしゃ

Being Grasped and Never Abandoned

The term "being grasped and never abandoned" is often used to express the workings of the Amida Buddha, the Buddha of Immeasurable Light and Life. This term refers to the teaching that we, human beings, are, without exception, embraced by the Amida Buddha and never abandoned by His infinite compassion and wisdom. This is the primary working of the Amida Buddha.

摂取不捨

「摂取不捨」は、無量寿(量ることのできない「いのち」)・無量光(量ることのできない「ひかり」)という別称をもつ阿弥陀仏のはたらきを表す言葉の1つです。これは、私たち人間は、例外なく阿弥陀仏の無限の慈悲と智慧によって必ず包みこまれ、決して見捨てられることはないというはたらきを意味します。これが阿弥陀仏の根本的なはたらきなのです。

🔑 キーワード

Refer：言及する
Exception：例外
Embrace：包む
Infinite：無限の

浄土真宗の基本 22／23

Shin Buddhism

Basics

聖徳太子
しょうとくたいし

Prince Shotoku
プリンス　ショウトク

基本単語

Prince：王子、太子

「聖徳太子」は、英語では「**Prince Shotoku**」と表記されます。「聖徳太子」は、一般的に、遣隋使などを派遣し日本に大陸の文化や制度を取り入れたり、冠位十二階や十七条憲法の制定による中央集権国家の礎を築いたりした人物として知られています。

また、「聖徳太子」は、三経義疏（「法華義疏」「維摩経義疏」「勝鬘経義疏」）を著し、法隆寺や四天王寺などを建立して仏教の興隆に尽くした方でもあります。そのため、浄土真宗では寺院の内陣に「聖徳太子」の絵像や木造を安置するほど大切な方としています。

親鸞聖人は、「聖徳太子」を「和国の教主」と呼ばれています。「教主」とは、仏教では「釈尊」のことを指すため、「和国の教主」とは「日本の釈尊」という意味になります。よって、英語では、「**Shakyamuni Buddha of Japan**」と訳されますが、意訳して「**Founder / Father of Japanese Buddhism**」（日本仏教の開祖／父）とも表現できます。

親鸞聖人にとって「聖徳太子」は特別な方です。親鸞聖人は **9** 歳から **29** 歳まで比叡山延暦寺にて厳しい修行に専念されました。しかし、その修行のなかではご自身が救われる道を見出すことができず、比叡の山を一度降り、これから歩むべき道を求めて京都にある「六角堂」に参籠されます。そして、**100** 日間籠もられるのですが、その **95** 日目の朝方、枕元に観音菩薩が聖徳太子となって現れ、後に親鸞聖人の師となる法然上人のもとで歩むよう告げられたといわれています。これを「夢告」（**message in the dream / Prince Shotoku's message in Shinran's dream**）といいます。

このような背景から、浄土真宗では、親鸞聖人を念仏の道に導かれた方としても「聖徳太子」を敬っているのです。

Shin Buddhism Basics

七高僧
しちこうそう

Seven Eminent Masters
セブン　　エミネント　　マスターズ

基本単語

Eminent：地位の高い、高名な

Lineage：系譜

「七高僧(しちこうそう)」とは、親鸞聖人が選ばれた7人の高僧をいい、英語では「**Seven Eminent Masters**」（7人の高名な師）と表現します。この7人とは、以下の高僧方です。

① 龍樹菩薩(りゅうじゅぼさつ)　　　　　　　Nāgārjuna　　　（インド　2世紀頃）
② 天親菩薩(てんじんぼさつ)（世親菩薩(せしんぼさつ)）　Vasubandhu　　（インド　4、5世紀）
③ 曇鸞大師(どんらんだいし)　　　　　　　T'an-luan　　　（中国　5、6世紀）
④ 道綽禅師(どうしゃくぜんじ)　　　　　　　Tao-ch'o　　　（中国　6、7世紀）
⑤ 善導大師(ぜんどうだいし)　　　　　　　Shan-tao　　　（中国　7世紀）
⑥ 源信和尚(げんしんかしょう)　　　　　　　Genshin　　　（日本　10、11世紀）
⑦ 源空上人(げんくうしょうにん)（法然上人(ほうねんしょうにん)）　Genku　　　　（日本　12、13世紀）

　この7人は、釈尊以来、親鸞聖人に至るまで、「念仏の教え」を弘(ひろ)め西方(さいほう)浄土への往生(おうじょう)を説かれた高僧です。「念仏の教え」がインド・中国・日本を渡り、親鸞聖人に辿(たど)り着き、現在の私たちにまで至っていると考えるという系譜です。よって、英語では「**the lineage of Nembutsu teachings**」（念仏の教えの系譜）とも表現できるでしょう。

浄土真宗の基本　26 / 27

Shin Buddhism

Basics

蓮如上人
れんにょしょうにん

Rennyo Shonin
レンニョ　ショウニン

基本単語

Initiator：首唱者、教導者
Restoration：復興、再興

「蓮如上人（れんにょしょうにん）」とは、本願寺第8世（浄土真宗本願寺派第8世宗主・真宗大谷派第8代門首）の方です。固有名詞なので、英語ではそのまま「**Rennyo Shonin**」と表記します。「8世宗主／8代門首」の意味を含めると、「**Rennyo Shonin, the Eighth Abbot / Head Priest of the Hongwanji Temple**」となります。浄土真宗の寺院の内陣には、浄土真宗の宗祖親鸞聖人と同じく、蓮如上人の絵像や木造が安置されることもあります。

なぜ数多くいらっしゃる本願寺住職のなかでも蓮如上人の像が安置されることが多いのかというと、それは蓮如上人が浄土真宗の「中興の祖」といわれている方だからです。「中興の祖」とは、衰退し危機的状況にあったものを再び興して盛んにした人のことをいいます。英語では、「**The Initiator of the Restoration / Revival（of Jodo Shinshu）**」（浄土真宗を興隆させた祖）と表現できます。

蓮如上人が生涯を過ごされた室町時代には、浄土真宗は小さな宗派でした。しかし、蓮如上人は、親鸞聖人の説かれた「御同朋・御同行（おどうぼう・ごどうぎょう）」（往生浄土という同じ志をもち、お念仏に生きる仲間の意）の精神を体現し、平座で、誰もが親鸞聖人の教えがわかるようにやさしく説くことで仏教伝道に取り組まれました。そのなかでももっとも著（いちじる）しい活動の1つは、全国のご門徒に手紙（法話）を書くという布教をされたことでした（御文章、**p.22** 参照）。その布教により、浄土真宗の教えは急速に全国に広がりをみせ、本願寺の興隆に結びついたのです。

浄土真宗の基本

Shin Buddhism
Basics

門主／門首／法主
もんしゅ／もんしゅ／ほっす

Head Priest
ヘッド　プリスト

基本単語

Priest / Minister：聖職者、僧侶
Resident：居住する、在住の

浄土真宗には 10 派あり、それぞれの「本山」には住職がいらっしゃいます。その方々を「門主」「門首」「法主」と呼びます。宗派によって呼び方は異なりますが、「本山」の住職という意味では同じであり、英語ではすべて「Head Priest」と表します。

　通常、「住職」は英語で「Abbot」と表現されますが、浄土真宗では「Head Priest」が好まれます。なぜならば、「Abbot」は通常「大僧正」という僧侶の最高位を意味し、同じ念仏の一門を歩む仲間を束ねるリーダーとしての意味をもつ浄土真宗の「住職」とは、少し意味が異なるからです。ここにも「阿弥陀仏」の前では皆等しいという浄土真宗の教えの特徴が表れているのです。

　ちなみに、全国に広がる各宗派の一般寺院の住職は、「本山」の「門主」「門首」「法主」と区別するために、「resident priest / minister」と表現することもあります。一般寺院の住職とは、多くの方が菩提寺でお会いになる住職の方々のことです。

　ところで、10 派の各本山のなかでも、親鸞聖人との血脈をもつ方が住職となられる宗派の「本山」が 2 カ寺あります。それは、浄土真宗本願寺派の西本願寺と真宗大谷派の東本願寺です。西本願寺の住職は「門主」、東本願寺の住職は「門首」と表記します。

　この場合、同じ「本山」の住職でも意味合いが異なることを明らかにするために、英語では「Monshu」とローマ字表記することもあります。

Shin Buddhism
Basics

門徒
もんと

Members / Followers
メンバーズ　　　フォロワーズ

基本単語

Follower：従者、信者、門人
Protector：保護者、擁護者

「門徒」とは、浄土真宗の信者の方を指します。これは、一門の徒輩（ともがら／仲間）を意味し、「同じ念仏という門流に属し信仰をともにする仲間」のことをいいます。よって、英語にすれば、「**the follower of the Nembutsu teaching**」となります。しかし、簡潔に「**members**」「**followers**」と表現する場合もあります。少し説明を加えるならば、「**Nembutsu followers**」（念仏に生きる仲間）や「**Shin Buddhist followers**」（浄土真宗信仰者）とも表現できます。

また、寺院側から「うちの門徒は……」と表現するときは、「**My temple members ……**」（自坊の門徒）と表現できます。逆に門徒側から「私は〇〇寺の門徒です」という場合は、「**I am a member of 〇〇 temple.**」「**I am a follower of 〇〇 temple.**」と表現できます。

浄土真宗以外の宗派の信者の方は、「檀家」や「信徒」と呼ばれ、それぞれ微妙な違いがありますが、ともに「ある寺院に所属している」ことを表す「**Member**」という英語で表現できます。

しかし、「檀家」に関しては、本来の意味を知っておく必要があります。「檀家」とは「檀那」の家のことで、「檀那」はサンスクリット語の「dānapati」（ダーナパティ）に由来し、「寺院や僧侶を援助する庇護者」を意味します。よって、これを忠実に英訳すると、「**the protector to support the Buddhist temple and monk / priest**」となります。これが本来の「檀家」の意味ですが、日本においては江戸時代に幕府がキリシタン禁制を目的とする宗教統制政策として「檀家制度」（**supporters system of Japanese Buddhist temple**）を取り入れました。これは別名「寺請制度」（**system to force all citizens to become Buddhists**）とも呼ばれ、以降、人々は必ずどこかの寺院の「檀家」になることが義務づけられました。結果的に、寺院は戸籍を管理したり、役所のような役割を果たすようになります。この背景から、「檀家」は本来の「**supporters**」という意味より、「**family members**」としての意味が強くなり、今日に至っているのです。

浄土真宗の基本

Shin Buddhism
Basics

本　願
ほん　がん

Primal Vow
プライマル　バウ

基 本 単 語

Primal：第一の、根本の
Vow：願い
Buddhahood：仏、仏果
Sentient Beings：衆生
Aspire：熱望する、大志を抱く
Entrust：任せる、委ねる
Supreme：最高の
Exclude：除外する
Offense：罪、犯罪
Slander：中傷、悪口

浄土真宗でもっとも大切にされる言葉の1つに「本願」があります。通常、仏や菩薩が過去において建てた「根本の願い」を意味しますが、とりわけ浄土真宗では阿弥陀仏の「本願」ということになります。これは「誓願」ともいい、英語では「**Primal Vow**」(根本の願い) や「**Original Vow**」(根源の願い) と表現されます。

　では実際、この「本願」とは一体何かということになります。じつは、阿弥陀仏は仏になる前は「法蔵菩薩」という修行者でした。そして、阿弥陀仏になる前に「四十八願」と呼ばれる**48**の「誓願」(**Original Vow**) を成就されました (その**48**の約束の内容は、私たち一人ひとり、すべてのものを救うための仏国土、つまり浄土を建立するためのものでした)。この**48**の約束のうち、もっとも大切な「誓願」が第十八願 (**Eighteenth Vow**) で、これを「本願」(**Primal Vow**) と呼ぶのです。

　第十八願とは、以下のようなものです。

漢文

設我得仏、十方衆生、至心信楽、欲生我国、乃至十念。若不生者、不取正覚。唯除五逆、誹謗正法。

書き下し文

たとひわれ仏を得たらんに、十方の衆生、至心信楽してわが国に生ぜんと欲ひて、乃至十念せん。もし生ぜずは、正覚を取らじ。ただ五逆と誹謗正法とをば除く。*¹

現代語訳

わたしが仏になるとき、すべての人々が心から信じて、わたしの国に生まれたいと願い、わずか**10**回でも念仏して、もし生まれることができないようなら、わたしは決してさとりを開きません。ただし、五逆の罪を犯したり、仏の教えを謗るものだけは除かれます。

英語訳

If, when I attain Buddhahood, the sentient beings of the ten quarters, with sincere mind entrusting themselves, aspiring to be born in my land, and saying my Name perhaps even ten times, should not be born there, may I not attain the supreme enlightenment. Excluded are those who commit the five grave offenses and those who slander the right dharma. ＊2

＊1『浄土真宗聖典 註釈版第二版』（本願寺出版社）p.212。
＊2 *CWS*, p.80.

第2章
浄土真宗の教え

Teaching of Shin Buddhism

Shin Buddhism
Teachings

他力／自力
(たりき／じりき)

Other Power / Self Power
アザー　パワー　セルフ　パワー

基本単語

Self-Centered：自己中心的な

浄土真宗で「本願」とともに大切にされる言葉に「他力」というものがあります。「他力」の「他」は、他人を意味するのではなく、阿弥陀仏を指します。つまり、「他力」とは阿弥陀仏の「はたらき」を意味するのです。

　通常、英語では「Other Power」と表現されますが、「阿弥陀仏のはたらき」という意味を英訳し、「Amida's working」（阿弥陀仏のはたらき）もしくは「Amida's power」（阿弥陀仏の力）と説明することもできます。

　そして、この「他力」と対峙するのが「自力」です。「自力」とは、阿弥陀仏のはたらきが信じられず、自身の力でどうにか浄土へ往生しよう、救われようと思う心や、阿弥陀仏のはたらきかけに背を向ける姿を指します。「自力」は英語で「Self Power」と表現されますが、意訳をするならば「self-centered mind」（我執にとらわれた心）と表現できるかもしれません。

　浄土真宗では、この「自力」の心を振り捨て、「他力」を拠り所とすることが説かれます。しかし、よく「自力」＝「努力」と理解され、浄土真宗では「努力していけない」「努力をしなくても救われる」というような誤解が生じますが、浄土真宗でいう「自力」は、私たちの道徳観念のなかで理解されるものではありません。「往生浄土」（浄土へ往き生まれる）という「救済」に関して、阿弥陀仏のはたらきに身を任せるか、任せないかという点で考えられるべきものです。

　つまり、「往生浄土」に際して、決して消えない煩悩をもったありのままの自分をそのまま受けとめてくださる阿弥陀仏の「他力」のはたらきに身を任せるか、それともどんなに隠そうとしても隠しきれないほどわき出る煩悩と闘いながら、時には煩悩がなくなったと偽り、自分が正しいという傲りの心をもちながら「自力」で往生しようとするのか、という宗教性に基づく言葉です。

　浄土真宗は、決して日々の生活のなかで必要な努力や一生懸命な姿を否定しているわけではないので、誤解しないようにしてください。

信心
しんじん

Shinjin
シンジン

基本単語

Surrender：引き渡す、身を任せる

どの宗教や仏教宗派でも、もっとも大事にされるのが信仰する心であり、これを「信心(しんじん)」と呼びます。通常は、「私／あなた」が神仏や偉大な力を信じるという信仰の意味で、英語では「**faith**」と表現されます。しかし、浄土真宗における「信心」の意味は、他の宗教や仏教宗派で使用される意味とは少し異なり、英語の表現も異なります。

　浄土真宗の「信心」は、「私／あなた」が信じる心を意味するのではなく、仏から「賜(たまわ)る心」（受け取る心）をいいます。この仏とは阿弥陀仏です。つまり、浄土真宗では阿弥陀仏から「賜る心」を「信心」というのです。

　通常の信仰心としての意味での「信心」は、人それぞれ信仰の度合いによって内容が異なります。しかし、浄土真宗の「信心」は、阿弥陀仏から平等に賜るものなので、皆が阿弥陀仏から同じ「心」を受け取るということになります。異なる点があるとすれば、それは阿弥陀仏の「信心」を受け取る私たちの気づきの深さです。

　このように、通常の個人の信仰心を意味する「信心」とは異なるということを強調するために、浄土真宗では、「信心」を英語にする際にはローマ字で「**Shinjin**」と表記します。

　しかし、ローマ字の「**Shinjin**」だけでは、外国の方に浄土真宗の「信心」の意味を理解していただくことはできません。よって、通常の「信心」と浄土真宗における「信心」の意味の違い踏まえた形で、「**Shinjin**」とは「**heart received from Amida Buddha**」（阿弥陀仏から賜った心）や「**Amida Buddha's wisdom**」（阿弥陀仏の智慧）と英語で追加説明すると、理解していただきやすいかもしれません。

　また、浄土真宗の「信心」は、阿弥陀仏を拠り所として生きいくことで体現されていくものです。その姿を英語では「**surrender**」（引き渡す／身を任せる）や「**entrust**」（信託する／委ねる）と表現します。

Shin Buddhism Teachings

摂取不捨
せっしゅふしゃ

Being Grasped and
ビーイング　グラスプドゥ　アンド

Never Abandoned
ネバー　　　アバンダンドゥ

基本単語

Grasp：摑む
Abandon：捨てる
Affirmation：確言、肯定
Embracement：抱擁

「摂取不捨」は、『仏説観無量寿経』のなかに出てくる言葉で、「無量寿」（量ることのできない「いのち」）、「無量光」（量ることのできない「ひかり」）という別称をもつ阿弥陀仏の「はたらき」を表現する言葉の1つです。これは、「念仏を称えるものを必ず包み込み、決して見捨てはしない」という阿弥陀仏の救済を意味し、英語では**「being grasped and never abandoned」**と表現できます。

　ここで注目すべきことは、「摂取不捨」の「摂」という字です。これは普通は、「取り込む」という意味ですが、「追ってでも取り込む」という意味もあります。つまり、どれだけ私たちが阿弥陀仏の「はたらきかけ」に背を向けようとも、阿弥陀仏は私たちから目を逸らすことなく、ずっとはたらきかけてくださり、決して見捨てることはしない、というのが「摂取不捨」の深い意味なのです。よって、英語では**「Amida Buddha will grasp the Nembutsu followers and never abandon them」**（阿弥陀仏は念仏者を救い取りに行き、決して離しはしない）と説明してもよいでしょう。

　この「摂取不捨」を現代の言葉で表現するならば、「全肯定」となるでしょう。阿弥陀仏の「はたらき」に気がつくことができず苦しむ私たちに、「そのままでよい」「そのままで大丈夫」と、私たちをすべてそのままを受けとめてくださっているのです。英語にするならば、**「full affirmation」**（完全な肯定）もしくは**「full embracement」**（完全な抱擁）となります。これほどの安心はありませんね。改めて、阿弥陀仏の有り難さを感じます。

Shin Buddhism Teachings

回向
え こう

Directing of Virtue
ダイレクティング オブ バーチュ

基本単語

Virtue：徳、美徳
Aspect：面、様相

「回向」とは、通常は自らが修得した善根の功徳を自らのさとりのために振り向けること、他の人々を救うために振り向けることをいいます。英語では「**directing of virtue**」と表現します。

　しかし、浄土真宗では、阿弥陀仏が功徳を「衆生」と呼ばれる私たち生きとし生けるものに振り向けることを意味します。ちなみに「衆生」は英語では「**sentient beings**」（意識・感覚をもつもの）と表現します。

　ここで大切なのは、主体が「私たち」ではなく、「阿弥陀仏」であるということです。よって、浄土真宗における「回向」は、英語で「**Amida's directing of virtue for sentient beings**」と表現します。そして、この「阿弥陀仏の回向」には **2** 種類あるといわれています。

　1 つは、「往相」といわれるものです。これは、念仏を称える私たち「衆生」が浄土に生まれていく姿を表し、英語では「**aspect for our going forth to the Pure Land**」と表現します。そして、「往相回向」という場合、これは私たち衆生が浄土に生まれるように阿弥陀仏が回向してくださることをいいます。よって、英語では「**Amida's directing of virtue for our going forth to the Pure Land**」と表現します。

　もう **1** つは、「還相」です。これは、浄土に生まれた私たちが再びこの世界に戻ってくる姿を表し、英語では「**aspect for our return to this world**」と表現します。そして、「還相回向」という場合、浄土に生まれた人々が再びこの世で人々を救おうと還り来て、他の人々が仏法と出会えるようはたらきかけができるように、阿弥陀仏が回向してくださることをいいます。よって、英語では、「**Amida's directing of virtue for our return to this world**」と表現します。

浄土真宗の教え　44 ／ 45

Shin Buddhism Teachings

煩　悩
<small>ぼん　のう</small>

Blind Passion
ブラインド　パッション

基本単語

Blind：盲目的な、気づかないで
Passion：感情、情感
Worldly：世俗的な
Desire：欲望、欲求
Hatred：憎しみ、憎悪
Ignorance：無知、無学、知らないこと

一般的に、「煩悩」は英語で「**worldly passions**」（世俗的な情感）、「**evil passions**」（悪の情感）、「**defilement**」（汚れたもの）などと表現されます。「煩悩」とは、よく欲望と認識されますが、正確には「三毒」（**three poisons**）といわれる「貪」（むさぼり／ **desire**）・「瞋」（いかり／ **hatred**）・「癡」（無知／ **ignorance**）の 3 つの毒から成り立っています。じつは三毒の心の動きを「煩悩」と呼ぶのです。

　しかし、問題となるのは、この「三毒」が私たち一人ひとりの日常生活に深く関わりをもっていることに、なかなか気がつくことができないということです。私たちは我執の強さゆえ、知らず知らずのうちに目が曇り、この「三毒」を認識できず、また正直に受けとめることができないのです。

　実際、気がつかないだけで、私たちのなかでさまざまな「はからいの心」（自己の得を「計算」する心）が常にはたらいているのです。この「はからいの心」は英語では「**calculation**」（計算）と表現します。これらの意味を踏まえて、浄土真宗では、「煩悩」を「**blind passion**」と表現します。直訳すると、「見えない／気がつかない情」となります。「**blind**」（気づかない／見えない）という英単語によって、気づくことのできない「はからいの心」を示唆した特徴的な表現です。

　これらは目に見えるものではなく、無意識に私たちの認識・言動・行動に反映されているものです。しかし、このことに真に目覚め、不器用にもどうにかしようと懸命に生きる私たちに、「そのままでいいよ」と語りかけ、受けとめてくださるのが、浄土真宗の本尊である阿弥陀仏なのです。

　こうして私たちが私たちのまま救われていく道をお伝えくださった宗祖親鸞聖人に、改めて感謝いたします。

浄土真宗の教え　46／47

Shin Buddhism Teachings

回心
えしん

Turning Mind
ターニング　マインド

基本単語

Toward：〜のほうへ、〜に向かって
Will：意志、意図

浄土真宗において特徴的な教えの1つに「回心(えしん)」というものがあります。一般的には、「かいしん」と読み、キリスト教の罪のゆるしと洗礼によって引き起こされる心の大きな転換を意味します。しかし、仏教では「えしん」と読み、キリスト教の「回心」とは意味が異なります。

　仏教では、誤った心を改めて仏道に帰依することを回心といいますが、これを浄土真宗の立場から考えると、これまで阿弥陀仏の教えを知らなかった方（自力の信仰）が、その教えに目覚めお念仏（他力の信仰）と共に生活を営(いとな)んでいくことを意味します。

　しかし、さらに掘り下げていくと、「回心」は心を転じることを意味します。それでは心の何を転じるのかということですが、それは煩悩です。よく「煩悩を取り除く」「煩悩を捨てる」「煩悩を断ち切る」など、「煩悩をゼロにする」という意味の文言を聞くことがありますが、これは私たちがこの身体をもって生きているあいだは不可能です。なぜならば、絶え間なく湧き上がってくるのが煩悩だからです。

　では一体、煩悩をどうすればよいのかということになりますが、ここで大事になるのが「転換」ということです。つまり、煩悩を転じて善（良い意志）に転換することです。煩悩という「心」の動きと方向を「回す」という意味で「回心」なのです。

　これは英語では「**turning mind**」と表現します。しかし、これだと少し説明不足なので、「**turning the mind toward the Nembutsu way of life**」（念仏の生活に向けて回す心）や、「**turning blind passion toward good will**」（煩悩を善に回し向ける）と表現してもよいかもしれません。

Shin Buddhism Teachings

倶会一処
<ruby>倶<rt>く</rt></ruby><ruby>会<rt>え</rt></ruby><ruby>一<rt>いっ</rt></ruby><ruby>処<rt>しょ</rt></ruby>

See You Again in Amida's Pure Land
シー　ユー　アゲイン　イン　　アミダズ　　ピュア　　ランド

基 本 単 語

Pure Land：浄土
Together：一緒に

一般的には墓地や霊園などへお墓参りに行ったとき、周りを見渡すと墓石の正面に家名(かめい)が刻まれているのを目にすることが多いと思います。しかし、浄土真宗では墓石に家名が刻まれることはあまりありません（一部地域や古い墓石は除く）。では代わりに何が刻まれるかといえば、「南無阿弥陀仏」もしくは「倶会一処(くえいっしょ)」という句です。

　浄土真宗では、お墓に手を合わせるとき、それは墓石そのものや、その中に安置されている亡くなられた方のお骨に向けられるものとは考えません。浄土真宗では、お骨が納められたお墓をとおして亡き方を偲(しの)びつつ、いのちの大切さやつながりを考える仏縁（有り難いご縁／機会）に遇わせていただくことに感謝するという意味で手を合わせるのです。このことを私たちに思い起こさせてくれる言葉が、「倶会一処」であり、また「南無阿弥陀仏」という阿弥陀仏の私たちを呼ぶ声なのです。

　「倶会一処」は、「倶(とも)に一つの処(ところ)で会(あ)う」と読みます。「一つの処」とは、亡き人が往き、また私たちも参らせていただく阿弥陀仏の住む「浄土」を指します。つまり、「倶会一処」とは「阿弥陀仏の浄土でまた共に会う」という意味なのです。よって、英語では「**See you again in Amida's Pure Land**」もしくは「**Be together in Amida's Pure Land**」（阿弥陀仏の浄土でまた一緒になる）と表現できます。

　いずれまた亡き人々をはじめとする大切な方との再会を想わせてくれる「倶会一処」という言葉の深い意味に、心が安らぎます。そして、ここに「南無阿弥陀仏」と口にせずはいられない私たちの念仏させていただく姿があるのです。

浄土真宗の教え　50 ／ 51

Shin Buddhism
Teachings

浄土
じょう ど

Pure Land
ピュア　ランド

基本単語

Pollution：汚染
Impure：汚い、不純な
Bliss：無上の喜び、至福

「浄土」は「Pure Land」と英訳されます。浄土とは、元来「清浄国土」を2字に省略した言葉で、仏国土（Pure Land of a Buddha）、つまり仏の国、世界を意味します。そこは、「五濁」（five pollutions）＊といわれる悪世になると生じる5つの悪い現象や地獄・餓鬼・畜生の「三悪趣」（three realms of sufferings）と呼ばれる悪業を犯した者が趣く苦しみの世界などではなく、何の苦しみもない清らかで幸せに満ちたところといわれ、煩悩に汚染されている私たちが住むこの現実世界を意味する「穢土」（Impure Land）と対照的なところです。

大乗仏教では、多くの行者が修行を積み、さとりを開いて仏となり、それぞれの国土に住む無数の人々を救済すると考えられています。たとえば、薬師如来の東方浄瑠璃世界（Eastern Pure Land）、大日如来の密厳浄土（Pure Land of Secret Solemnity）など、いろいろな仏がそれぞれ浄土を築き、そこで説法しているといわれています。

そのなかでも阿弥陀仏が住む世界を特に「極楽浄土」（Pure Land of Bliss）、または「西方浄土」（Pure Land of the West）と呼びます。

ちなみに浄土真宗のお寺の内陣は、『仏説阿弥陀経』に説かれる「極楽浄土」の荘厳を表現しています。もし機会があれば、ぜひ内陣を見ながら阿弥陀仏の美しい浄土に思いを致してみてください。

＊劫濁（飢饉・天災・戦争などが起こること）・見濁（誤った考えがはびこること）・煩悩濁（人を迷わす煩悩がはびこること）・衆生濁（人々の心身の資質が低下すること）・命濁（人々の寿命が短くなること）の5つ。

Shin Buddhism Teachings

往生
おうじょう

Birth into the Pure Land
バース　イントゥ　ザ　ピュア　ランド

基本単語

Birth into：〜に生まれる

Attain：到る

「往 生」という言葉は、「極楽往生」「往生浄土」「大往生」などと表現され、一般的には亡くなった方に使用されることが多いと思います。このような背景があってか、先日、ある高校で英語を通じて仏教を学ぶ講義をした際、「往生」を英訳するとどう表現できるか生徒に尋ねてみると、「**to die**」（死ぬこと）と回答した生徒がいました。これは、一般的な使われ方としては一概に間違いとはいえませんが、本来の「往生」の意味は「仏になりさとりを開くために、仏の国に往き生まれること」をいいます。本来の意味では間違いといわざるをえません。

　もともと「往生」とは「仏になる」という概念ですが、「死んだら仏になる」という、亡き人を尊ぶ日本特有の考え方とリンクし、「往生」＝「死」という新たな概念が生み出されました。その結果、「死後」に「浄土」という仏の国に生れることが「往生」の意味として定着したと考えられます。その結果、一般的に「往生」＝「死」という暗いイメージをもたれるようになったのです。

　しかし、浄土真宗では、「往生」は喜ばしいことと捉えます。なぜならば、浄土という阿弥陀仏の住む「浄らかな（国）土」（**Pure Land**）に仏として生まれ、住むことができるようになるからです。

　余談ですが、中国地方のある浄土真宗の信仰に篤い地域では、お葬式でお赤飯を炊いて振るまうある種の祝いの風習が残っているそうです。これは「往生」することはめでたいことであるという考えに由来します。

　英語では「**birth into the Pure Land**」と表現します。くわしく説明する場合は、「**birth into the Amida's Pure Land after one's death**」というように表現できます。また、往生という言葉自体は名詞となり、「往生する」という動詞の場合は、「**attain**」（到る）をつけて、「**attain birth into the Pure Land**」となります。

浄土真宗の教え　54／55

Shin Buddhism Teachings

悪人正機
あくにんしょうき

The Evil Person is the Primal
ジ イーヴォ パーソン イズ ザ プライマル

Purpose of Amida's Working.
パーパス オブ アミダズ ワーキング

基本単語

Purpose：目的

Nature：性質、特質

浄土真宗の特徴を端的に表す教えの1つが「悪人正機」といわれるものです。これは、「悪人こそが阿弥陀仏の本願（他力本願）による救済の目当てである」という意味です。これを英訳すると、「**The evil person is the primal purpose of Amida's working.**」となります。

　この教えは、『歎異抄』第3条の「善人なおもって往生を遂ぐ、いわんや悪人をや」（善人が往生することができるのであれば、悪人はいうまでもなく往生することができます）という文章に由来します。これは親鸞聖人がお話しになったこととされる有名な一節で、英語にすると「**Even a good person attains birth in the Pure Land, so it goes without saying that an evil person will.**」*となります。

　ここで問題となるのは、「悪人」の意味です。普通は、「よくない心をもった人」「よくない事をする人」を指しますが、親鸞聖人のいう「悪人」は、今日の世俗的な意味とは少し異なります。

　では、親鸞聖人はどのように「悪人」を理解していたかというと、それは『唯信鈔文意』という著書に見られるように、社会的差別という視点に基づく理解です。鎌倉時代、狩人・漁人・商人などの人々は「悪人」として差別されていましたが、親鸞聖人はこのような「悪人」と呼ばれる人々と、お互いを尊重し合う親密な人間関係を築かれていました。それは、親鸞聖人ご自身も、権力者に支配された社会のルールに従わない、社会的には「悪人」と認識される存在であると自覚されていたからです。

　しかし、親鸞聖人の「悪人」には、社会的な呼称にとどまらない、もっと人間の内省に関わる深い視点もあります。それは、どうしようもない煩悩に塗れた人間性を認めることです。これこそが「悪人」なのです。この場合、「悪人」を英語すると「**hopeless person**」（どうしようもない自分だと認める人）、「**A person who is truly aware of one's evil nature**」（自身の悪性に心から正直な人）となります。

　つまり、社会的に差別を受ける人々もそうですが、心から自身の罪悪性に目覚め、反省し、そのなかで悲しみや自分への嫌悪感、葛藤などに

浄土真宗の教え　56 ／ 57

苦しみながら生きる人々こそ、救いの目当てであるというのが、「悪人正機」の意味なのです。

　阿弥陀仏から見れば、そのように懸命に生きる人こそ一番に声を掛けて抱きしめてあげたい人となります。「悪人正機」とは、苦しむ人々に胸を張って生きていいんだよという阿弥陀仏のはたらきを介した親鸞聖人のメッセージが込められているのです。

　これらのことを踏まえると、「悪人正機」は「**A person who is truly aware of one's human nature as a hopeless person is the purpose of Amida's Working.**」とも英訳できます。

＊ *CWS*., p.663.

英語で説明してみよう

02「浄土」

Pure Land

The Japanese term "Jodo" is usually translated as "Pure Land" in English. "Jodo" is an abbreviation for "Sho-Jo-Koku-Do" which literally means "Country of a Clean and Pure Land." Often times, this term is commonly expressed as "Pure Land of the Buddha," "Buddha's Country," or "Buddha's World." It is said that there are no sufferings and desires in this land. In other words, these "Pure lands" are the opposite of "Edo" (defiled land) — the world where we now live which is contaminated by countless blind passions.

Amongst many Pure Lands, the Land of the Amida Buddha is called the "Pure Land of Bliss" or the "Pure Land of the West."

浄土

「浄土」とは、もともと「清浄国土」を2字に省略した言葉で、仏国土つまり仏の国、世界を意味します。そこは、五濁や地獄・餓鬼・畜生の三悪衆などなく、何の苦しみもない清らかで幸せに満ちたところといわれ、煩悩に汚染されている私たちが住むこの現実世界を意味する穢土とは対照的なところです。

さまざまな浄土のなかでも阿弥陀仏が住む世界を特に「極楽浄土」または「西方浄土」と呼ぶのです。

キーワード

Literally：文字通りに
Opposite：反対
Contaminate：汚染する

愚 禿
(ぐ とく)

Foolish, Stubble-Headed One
フーリッシュ　スタボー　ヘッディッド　ワン

基本単語

Foolish：愚かな
Stubble：刈り株、不精ひげ
Manifest：明白な、判然とした
Inwardly：内部へ、心の中に
Outwardly：外見上（は）、表面上（は）、外に向かって
Wise：賢い、賢明な

親鸞聖人は念仏弾圧時に朝廷から罰せられ、藤井善信という俗名を与えられました。しかし、親鸞聖人はその俗名を拒否し、自身の姓に「禿」という文字を取り入れました。じつは、これには逆説的な意味が含まれていると考えられます。通常、「禿」という字は他人を見下すときに使用されますが、仏教では僧侶が自分自身のことを謙虚に語るときに用います。朝廷とその権力者たちは間違いなく親鸞聖人を見下す意味で「禿」という文字を理解していたことでしょう。しかし、親鸞聖人はこの「禿」という字の意味を逆手に取って、自身は権力者から独立し、自由の身になったことを宣言していたのです。つまり、自分は国家権力が定義する僧侶や俗人にはあてはまらないという意味なのです。親鸞聖人にとって、「禿」をつけることは、いかなる権力者からも阻害を受けず、宗教の真理を求める真の僧侶になったことを意味したのです。

　親鸞聖人は流罪の刑が解かれても「禿」という字を名前に使用し、さらに「愚」という字を加え、「愚禿」という名字を自身につけました。英語では、文字のごとく「foolish, stubble-headed one」と表現します。親鸞聖人は、「愚禿」について次のように述べています。

原文

賢者の信を聞きて、愚禿が心を顕す。賢者の信は、内は賢にして外は愚なり。愚禿が心は、内は愚にして外は賢なり。*¹

現代語訳

賢者（法然上人）の信心を聞いて、「愚禿」である私の心が明らかとなります。賢者の信心とは、内向きは賢く、外向きは愚かなものです。しかし。「愚禿」の心とは、まさに私のように内向きは愚かで、外向きは賢く振る舞うことをいうのです。

英語訳

Through hearing the shinjin of the wise [Hōnen], the heart of

myself, Gutoku [foolish / stubble-haired], becomes manifest:

The shinjin of the wise is such that they are inwardly wise, outwardly foolish. The heart of Gutoku is such that I am inwardly foolish, outwardly wise. [2]

　この文章から私たちが感じ取れるのは、「愚禿」という言葉に対する社会における逆説的な観点と、親鸞聖人ご自身の心そのものが「愚かな禿」であるという深く正直な人間性を示唆する内面の観点です。改めて、親鸞聖人がご自身の本性を正直に見つめられる厳しさを感じます。

＊1『愚禿抄』（『浄土真宗聖典　註釈版第二版』本願寺出版社）、**p.501**。
＊2 *CWS*, **p.587.**

英語で説明してみよう

03「煩悩(ぼんのう)」

Blind Passion

"Bonno" is composed of three passions: Desire, Hatred, and Ignorance. While it's very easy to list these three passions, what is hard to accept or realize is that these three passions are a big part of our daily life! For most of us, we are unconscious that these blind passions affect our behavior, actions and thinking every moment of our lives. This is the reason why the word "blind" is used in the Shin translation of "bonno."

煩悩

　「煩悩」とは、貪(むさぼ)り・瞋(いか)り・無知という3つの毒（三毒）から成り立っています。これらの3つを羅列するのは容易なことですが、問題となるのはこれらが私たち一人ひとりの日常生活において深く関わりをもっていることを正直に受けとめ自覚できないことです。大抵、私たちは日常生活のいたるところで「煩悩」が振舞い・行動・思考に影響を及ぼしていることに気がついていないのです。よって、浄土真宗で煩悩を英語で表現する際には「blind」（目には見えない）という言葉を用いるのです。

キーワード

Be compose of：〜から成る
Unconscious：無意識の
Affect：影響を及ぼす

非僧非俗
ひそうひぞく

Neither a Monk nor One in Worldly Life
ニーザー　ア　マンク　ノア　ワン　イン　ワールドリー　ライフ

基本単語

Minister：聖職者
Declaration：宣言、発表

「非僧非俗」とは、「僧にあらず、俗にあらず」という親鸞聖人のお言葉です。文字どおりに英訳すれば、「**neither a monk nor one in worldly life**」となります。ここで注目すべきことは、「僧」の英訳に「**monk**」が使用されている点です。通常、「**monk**」は出家し厳しい戒律を守る僧侶のことを指し、在家の立場を大切にする浄土真宗では、仏法に基づいて生きる模範の姿を見せる人という意味で「**priest**」や「**minister**」を用いて僧侶を表現します。しかし、この英訳ではあえて「**monk**」を使う必要があるのです。

　「非僧非俗」という言葉が生まれた背景には、親鸞聖人が朝廷（後鳥羽上皇）や他の仏教教団から弾圧（専修念仏の弾圧）を受け、師匠にあたる源空（法然）上人や他の門下と共に罰せられたことがあります。親鸞聖人は越後（現在の新潟県）へ流罪に処され僧籍を剥奪されました。

　当時、国家は僧尼令を制定し、仏教教団を国家のもとに統制していました。つまり、僧侶は国家の管理下に置かれ、「権力への奉仕／加持祈禱」を使命としなければなりませんでした。英訳のなかの「**monk**」はこのような僧侶を指します。つまり、「非僧」とは、国家に支配される僧侶ではないということを意味しているのです。

　そして、親鸞聖人は弾圧時に朝廷から罰せられたとき、藤井善信という俗名を与えられましたが、その俗名を拒否しました。つまり、権力者に服従する俗人として生きること、いわゆる「**worldly life**」を拒否したのです。これが「非俗」の意味です。

　「非僧非俗」とは、「国家の管理下に置かれる僧侶ではなく（非僧）、また俗名の受け取りを拒否したため、俗人でもない（非俗）」という、己の信念に基づいて念仏の教えに生きることを貫く、という宣言だったのです。英語では、「**declaration to live as a true human**」（真実の人間として生きる宣言）と超訳できます。

浄土真宗の教え

第3章
浄土真宗の仏事

Shin Buddhist Religious Services

Shin Buddhist Religious Services

勤行
ごん ぎょう

Chanting Sutra
チャンティング　スートラ

基本単語

Chant：歌う、賛美する
Altar：祭壇、供物台
Ritual：儀式、儀礼

一般的に、お経を読むことを「読経」といいますが、浄土真宗では「勤行」といいます。英語では「chanting sutra」と表現します。「chant」は「繰り返しとなえる」を意味し、「sutra」は「お経」を意味します。「勤行」はまた「お勤め」ともいいます。

　もともと「勤行」は、努力して修行をすることを意味しますが、寺院や自宅の仏壇などの仏前で時間を決めて読経することも意味します。これらを忠実に英訳すると「**diligently practicing**」（一生懸命に修行する）や「**regular chanting of a sutra in front of the Buddhist altar**」（定まった時間に仏前でお経をとなえる）となります。「**Buddhist altar**」とは「仏壇」のことです。

　「勤行」に際して必要な儀式作法を「勤式」といいます。英語では「**ritual manners**」（儀式のマナー）と表現されます。ちなみに、この「勤式」は各宗派で異なり、宗派によっては専門的に学ぶ場所もあります。たとえば、浄土真宗本願寺派には京都に「勤式指導所」という機関があり、同派の僧侶に必要なお勤め、作法、荘厳（仏像・仏堂・仏壇を美しく飾ること）などを学ぶことができます。

　浄土真宗で「勤行」という場合は、朝と夕に仏前で、親鸞聖人が書かれた『正信念仏偈』（Hymns of True Entrusting Heart and the Nembutsu）と蓮如上人が書かれた『御文章』（Letters of Rennyo Shonin）を拝読することを意味します。よって、浄土真宗における「勤行」を正確に英訳すると、本来は「**Chanting "Shoshin Nembutsuge" and reciting from the "Gobunsho" in the morning and evening in front of the Buddhist altar**」（朝夕に仏前で『正信念仏偈』と『御文章』をお勤めすること）となります。

Shin Buddhist Religious Services

法要／法事
ほうよう　ほうじ

Buddhist Service
ブディスト　　　サービス

基 本 単 語

Service：奉仕、有用
（※ここでは法事・法要のこと）
Memorial：記念の、追悼の
Anniversary：周年、年忌

多くの方にとって身近な仏教用語のなかに「法要(ほうよう)」と「法事(ほうじ)」があると思います。これらは英語で「**Buddhist service**」といいます。しかし、厳密には「法要」と「法事」の意味は異なります。

　「法要」とはもともと、釈尊の教え（仏法）を学ぶことを意味しましたが、僧侶にお経を読んでもらい、仏・菩薩を尊び先祖を偲(しの)ぶ（浄土真宗以外では供養(くよう)ともいいます）ことをいうようになりました。そして、「法要」の後に行われる会食（「斎(とき)」と呼ばれます。p.74 参照）まで含むものを「法事」と呼びます。 つまり、食事を含むか含まないかという違いがあったわけです。しかし、今日では同じ「仏事」を意味する言葉として認識されています。

　浄土真宗の日常的な法要に「月忌法要(がっきほうよう)」（故人の月々の命日につとめる法要）、「祥月法要(しょうつきほうよう)」（毎年 1 度おとずれる故人の命日につとめる法要）、「年忌（年回）法要(ねんき ねんかい ほうよう)」（1 周忌、3 回忌、7 回忌、13 回忌……と、亡き人の命日を縁として、お経を読み、仏法を聞かせていただく法要）などがあります。これらを英語にすると以下のようになります。

月忌法要：

Monthly memorial service

祥月法要：

Buddhist service commemorating the anniversary of a person's passing

年忌（年回）法要：

Buddhist memorial service commemorating a specific number of years since a person's passing

　このほかにもさまざまな「法要」と「法事」がありますが、浄土真宗においては、亡くなられた方々をとおして、私たちが阿弥陀仏のはたらきに気づかせていただく有り難いご縁に感謝する場が「法要」「法事」であると考えており、このように心得ておくことが大切です。

Shin Buddhist Religious Services

焼香
しょうこう

Burning Incense
バーニング　インセンス

基本単語

Burning：燃えている
Incense：香、香料
Rubbing：こすること、摩擦
Offering：献納、奉納
Reflect：反映する、熟考する、思案する

「焼香」は、英語では字のごとく「**burning incense**」と表現します。「焼香」とは、「香を焚くこと」「仏事の際に、仏の功徳をたたえたり、死者を弔うために香を焚くこと」を意味します。

　「焼香」の起源はとても古く、伽羅・沈香・白檀などの天然香木の香を焚いて仏を供養するインドの風習を発祥とします。ちなみに、香りをお供えする供養には、次の3種類があります。

塗香（rubbing incense）：香を塗り身体を浄める
焼香（burning incense）：香を焚いて供養する
華香（offering flowers）：生花をまいて供養する

　日本においては、6世紀後半に淡路島に香木の「沈香」が漂着したのをはじまりとする説があります。それ以降、仏事や神事に使われるようになったといわれています。

　現在の棒状の線香が現われたのは江戸時代の初め頃のようです。浄土真宗では、線香を用いる場合、線香を香炉の大きさに合わせて数本に折り、横に寝かせて香を焚く形に近いようにしてお供えします。

　宗派によって、「焼香」の意味・流儀・作法は異なります。浄土真宗では、他の宗派のように香を額の前に持ち上げていただくことはしません。浄土真宗では、ご本尊（阿弥陀仏）に「香をお供えする」という意味を重要視し、香そのものに有り難さや功徳の効力があるとは考えません。「焼香」の香りによって、私たちが死後に参らせていただく浄土を思い起こし、故人または多くの先祖や有縁の方々が浄土で仏となり、今を生きる私たちに大切な教えを語りかけてくださっていることを実感するひと時を創出するための行為と考えています。

　「焼香」と「念仏」をとおして、いつも私たちを温かく包んでくださっている阿弥陀仏に感謝いたしましょう。

　これらの意味を踏まえた上で、「焼香をする」というとき、英語では「**burn incense to reflect on the working of Amida Buddha**」と表現するのです。

斎
とき

Meal Following of a Buddhist Service
ミール　フォローイング　オブ ア　ブディスト　サービス

基本単語

Meal：食事

Vegetarian：菜食主義者、ベジタリアン

「斎」は、通常「御斎」と呼びます。これは、一般的に法要や法事などの仏事においてふるまわれる食事を指します。僧侶や参列者へのお礼の気持ちを込めたお膳の意味です。英語では「meal following of a Buddhist service」と表現できます。

　もともと、「斎」は正午の食事を意味していました。仏教用語では、「かゆ」で知られる「粥」の字を「しゅく」と読み、朝食を意味します。そして、昼食を意味するのが「斎」です。

　日本では食べるべき時の食事の意味から「斎」に「とき」の読みを当て、正午以前の食事の意味としたそうです。これはインドで成立した、仏教徒は午後には食事をしないという戒律に由来し、転じて今日のように広く仏事の際の食事や肉食をしないことを意味するようになったといわれています。この意味から、「Buddhist meal」や「Buddhist vegetarian meal」とも表現できます。

　また、「斎」は僧侶や参列者へのお礼の意味とは別に、故人を偲ぶための行事としての意味もあります。よって、喪に服すという意味合いを込めて精進料理が好ましいとされますが、今日においてはそこまでこだわることはありません。大切なことは、亡き人を偲ぶなかで相集った家族・親戚・有縁の方々とのご縁を大切にすることです。

　寺院によっては、長く亡き人をご存じの僧侶もおられるでしょう。また古くからの故人のご友人や生前お世話になった方など、さまざまな方々もおられるでしょう。このような方々との語らいのなかで、亡き人の新たな一面を発見し、笑い、泣くというのも大切なことです。「斎」を、家族のつながり、周囲の人々とのつながりを改めて感じる、素晴らしいご縁の場としていただきたいものです。

浄土真宗の仏事　74／75

Shin Buddhist Religious Services

降誕会
<small>ごうたんえ</small>

The Buddhist Observance Celebrating and Honoring Shinran Shonin's Birth
<small>ザ　ブディスト　オブザーバンス　セレブレーティング　アンド　オナリング　シンラン　ショウニンズ　バース</small>

基本単語

Observance：儀式、式典

Celebrate：祝う

「降誕会（ごうたんえ）」とはもともと 4 月 8 日の釈尊の誕生を祝う法会を意味します。釈尊の誕生日は、「花祭り（はなまつり）」「灌仏会（かんぶつえ）」「仏生会（ぶっしょうえ）」「龍華会（りゅうげえ）」「花会式（はなえしき）」「浴仏会（よくぶつえ）」などの別称もありますが、これらは釈尊誕生の際に起こった現象や状況を表現しています。たとえば、釈尊が生まれたルンビニ園はたくさんの花に囲まれていたといわれています。また釈尊が誕生した際、喜びで大地が揺れ、天に龍が現れ甘い水を吐き、それが甘い雨となって地上に降り、その水を産湯（うぶゆ）に使ったなどという伝説が残っています。

これらの伝説がさまざまな別称の由来ですが、すべて釈尊の誕生を祝う同じ意味をもちます。よって、英語では「**Buddhist observance celebrating the birth of Shakyamuni Buddha**」と表現することができます。

しかし、「降誕会」はさまざまな仏教宗派の宗祖の誕生を記念して行う法会をも意味します。浄土真宗でも、宗祖である親鸞聖人の誕生日を「降誕会」と呼びます。

親鸞聖人は 1173 年 5 月 21 日に現在の京都の日野という地域にお生まれになったといわれています。よって、親鸞聖人の誕生を喜ぶとともに、親鸞聖人が歩まれた道、そして残された教えに感謝するために、浄土真宗では「降誕会法要」が執り行われます。

したがって、浄土真宗の「降誕会」は、英語では「**The Buddhist observance celebrating and honoring Shinran Shonin's birth**」と表現します。簡略化して、「**Shinran Shonin's birthday**」と表現しても問題ありません。

明日（あす）ありと　思（おも）う心（こころ）の仇桜（あだざくら）
夜半（よわ）に嵐（あらし）の吹（ふ）かぬものかは

Cherry blossoms that are assumed to last till tomorrow,
May well blow away during the night.

※親鸞聖人は 9 歳で出家する際に、左記のような歌を詠み世の無常や自身の覚悟を表したといわれています。

Shin Buddhist Religious Services

報恩講
<small>ほう おん こう</small>

Gathering to Express
<small>ギャザリング　トゥ　イクスプレス</small>

Gratitude to Shinran Shonin
<small>グラティテュードゥ トゥ　　シンラン　　ショウニン</small>

基本単語

Gathering：集会、集まり
Express：表現する、表す
Commemorate：記念する
Opportunity：機会
Resonate：響き渡る、共鳴する

「報恩講」とは「御正忌」とも呼ばれ、親鸞聖人の命日に「報恩謝徳」（受けた恩義や徳に対して感謝の気持ちをもち、それに見合ったお返しをすること）する仏事・法会のことをいいます。親鸞聖人は、陰暦の 1262 年 11 月 28 日にお亡くなりになったといわれています。真宗大谷派などでは 11 月 28 日を命日とし、浄土真宗本願寺派と真宗高田派では、太陽暦を採用し、1 月 16 日を命日としています。浄土真宗の各派の本山では命日を最終日とする 7 日間に法要が営まれています。このような「報恩講」のことを英語で「**Buddhist service to commemorate the anniversary of Shinran Shonin's passing**」と表現します。

　「報恩講」の「講」の原意は「講式」といい、「仏・菩薩の徳をたたえる法会の儀式」「法会の儀式の次第を定めた書物」を意味します。しかし、今日では、「講」は「仏法を聞くために集まる人々の集会」のこととして使用されています。

　「報恩」とは、字のごとく「恩に報いる」ことです。よく、「他者から受け取ったものをお返しする」ということを聞くと思いますが、実際には受け取ったものをそのままお返しすることは不可能です。ではどうするかといえば、感謝の気持ちをもって生活させていただくのです。これが報恩です。

　私たちが親鸞聖人からのご恩に報いる唯一の方法は、感謝の気持ちをもってお念仏の生活をさせていただくことです。浄土真宗の「報恩講」とは、親鸞聖人の忌日を機縁として、親鸞聖人が残されたお念仏の教えと私たちの生活を改めて振り返らせていただく機会でもあるのです。

　これらの意味を踏まえるならば、「報恩講」は英語で「**An opportunity to reflect on the true teachings which Shinran Shonin left for us and how the Nembutsu resonates within each of us.**」と説明できるでしょう。

Shin Buddhist Religious Services

永代経法要
<ruby>永<rt>えい</rt></ruby><ruby>代<rt>たい</rt></ruby><ruby>経<rt>きょう</rt></ruby><ruby>法<rt>ほう</rt></ruby><ruby>要<rt>よう</rt></ruby>

Perpetual Memorial Service
パーペチュアル　　　メモリアル　　　サービス

基本単語

Perpetual：永続する、永久の
Appreciation：真価、評価、感謝
Respect：尊敬する
Flourish：繁盛する

「永代経法要」の「永代経」は「永代読経」を略したもので、一般的には、永代にわたって故人の命日ごとにお経を読み続けることをいいます。よって、「永代経法要」は英語で「**perpetual memorial service**」「**perpetual Buddhist chanting service**」などと表現できます。

しかし、浄土真宗では「永代経法要」はお経を読み続けることを意味するだけではなく、念仏の教えが後世に受け継がれていくことを願うという意味をもつものとして理解しています。一緒に暮らす家族、そしてまだ見ぬ未来のいのちに念仏の教えが弘まり、またその弘がりの中心の場所であるお寺の発展を願うのが、浄土真宗の「永代経法要」の意味です。

ここで大切なのは、後世に残していきたいと願う念仏の教えをきちんと理解しているかどうかということです。正しく理解し、また大事な教えとして受け取っていなければ、後世に残したいという思いは生まれてきません。

亡き人を偲び尊びつつ、自身のいのちについても振り返り、大切な教えを後世に残す思いを強くするご縁が、「永代経法要」のもつ大きな意味なのです。

これらの意味を踏まえると、「永代経法要」は英語では以下のように説明できます。

「**Buddhist service to express appreciation and respect to departed members who supported and assisted the temple during their lifetime and desired to see the Nembutsu teachings forever flourish.**」（お寺を支えてくださってきた人々を偲び尊び、未来の念仏の教えの繁栄を願う法要）

しかし、これではあまりにも説明が長くなりますので、「永代経法要」は「念仏の教えとお寺の発展を願う法要」という解釈のもと、「**Buddhist service to wish for the flourish of the Nembutsu teaching and the temple**」と表現してもよいでしょう。

Shin Buddhist Religious Services

彼岸
ひ　がん

Equinoctial Week
イクノクショル　　ウィーク

基本単語

Equinoctial：昼夜平分の
Generosity：寛大、寛容、気前の良さ
Proper：適切な
Conduct：行い
Patience：耐えること
Concentration：集中
Remember：思い出す
Nirvana：涅槃

太陽が真東から昇って真西に沈み、昼と夜の長さが同じになる春分の日と秋分の日を挟んだ前後3日の計7日間を「彼岸」と呼びます。英語では、「**equinoctial week**」といいます。

　しかし、「彼岸」はサンスクリット語の「**pāramitā**」(波羅蜜多)という「到彼岸」(彼岸に到る)の思想に由来します。私たちが今生きている煩悩と迷いのこの世界を「此岸」(**this world**)といい、「布施」(**generosity**)、「持戒」(**proper conduct**)、「忍辱」(**patience**)、「精進」(**effort**)、「禅定」(**concentration**)、「智慧」(**wisdom**)という「六波羅蜜」(**six perfections**)と呼ばれる6つの修行をすることで「さとりの世界」すなわち「彼岸」の境地へ到達することができるというものです。この意味では、「彼岸」は「**enlightened world**」や「**Nirvana**」(「涅槃」という煩悩が吹き消された境地)とも表現できます。

　浄土真宗では、この意味にさらに別の解釈が加えられます。私たちは亡くなった後、阿弥陀仏の住む「極楽浄土」(**Pure Land of Bliss**)もしくは「西方浄土」(**Western Pure Land**)と呼ばれる国土に生まれさせていただくといわれています。よって、真西に沈む彼岸中の夕日に西方にある浄土を想い、亡き人々を偲びつつ、またいずれ自分も参らせていただくことを想い、自分のいのちについて改めて考えさせていただく機会として、「彼岸」に法要やお墓参りをします。

　浄土真宗の立場から「彼岸」を英訳すると、「**An oppurtunity to reflect on one's life by envisioning the loved one who has returned to the Pure Land.**」(浄土に想いをはせ、亡き人を偲ぶことで自らのいのちを振り返らせていただく機会)と表現できるかもしれません。

※原語はサンスクリット語の「**nirvāṇa**」ですが、英語では「**Nirvana**」と表記されています。

盆
<small>ぼん</small>

Obon Service
<small>オボン　　サービス</small>

基本単語

Annual：年1回の

whole：全体の

「盆」は「お盆」として親しまれていますが、もともとは「盂蘭盆」「盂蘭盆会」といいます。8月13日、14日、15日、16日（地域によっては7月の場合もあります）に先祖の霊がこの世に戻って来るのでお迎えするために、仏壇に提灯や盆棚を設置するというのが通常の認識ですが、浄土真宗においては、これとは別の認識をもって「お盆」を迎えます。

　浄土真宗では、亡くなった後、私たちは浄土に生まれ、仏に成らせていただくと考えます。これを「往相回向」（going aspect）といいます（p.45参照）。浄土真宗のユニークさは、じつはこの後にあります。それは、浄土で仏に成らせていただいた後、今度は仏としてこの世に戻り、阿弥陀仏のお手伝いをするかのごとく、大切な教えを遺族をはじめとする多くの方に伝えることになっています。これを「還相回向」（returning aspect）といいます。よって、先立たれて仏に成られた方々は、期間限定ではなく、常にこの世にいらっしゃるということになります。

　浄土真宗では、「お盆」を「歓喜会」とも呼びます。インド仏教に由来し中国にて漢訳された『盂蘭盆経』の故事（目連尊者が餓鬼道に落ちて苦しむ母親を救おうとし、仏陀の教えに従い百味の飲食を盆に盛り、修行を終えた僧侶たちに供養したところ、その僧侶たちの偉大な功徳によって母親を救うことができたという説話）に倣って、「目連尊者の孝養心を讃え、親子共々仏教との出遇いを喜ぶ法座」として意義づけられています。

　そして、日本の風習も取り込み、1年に1度は家族で集まり、仏壇の前で手を合わせるご縁として、お盆を大切にしているのです。その意味では、「**Annual memorial service with the whole family**」（年1回の家族全体で行う法事）と英語で表現できるかもしれません。

Shin Buddhist Religious Services

念珠
ねんじゅ

Buddhist Beads
ブディスト　ビーズ

基本単語

Beads：珠
Counting：数える

「念珠」は、「珠数」「寿珠」「数珠」とも表記されます。古くからもっとも身近な仏具・法具として使われ、一般的には「数を念ずる」「数を記する」の意味をもちます。その意味では、「**counting beads**」と英訳できます。

しかし、「念珠」は仏教を信じる者、あるいは仏の道を信仰する者が常に持つことにより、煩悩を消滅し、功徳やさまざまな願いを成就することができるといわれています。「念珠」は、英語では「**Buddhist beads**」と表現します。

宗派によっては、真言、陀羅尼、念仏、お経を読んだ回数を数えることに使用され、その数だけ功徳が積めたり、煩悩が減ると考えられています。また、厄除けやお守りとしての役割を担うこともあります。

しかし、浄土真宗は、煩脳と呼ばれるさまざまな苦悩をもったまま、ありのままの姿で救われていくという教義をもっています。よって、「念珠」を使って行為の回数を数えたり、煩脳の火を消すためのさまざまな厳しい「行」（修行）に固執する必要はありません。

実際、浄土真宗の「念珠」は数取りができないように房がついています。これは「蓮如結び」と呼ばれることもあります。浄土真宗の「念珠」は、修行のための「念珠」とは違い、阿弥陀仏への報恩感謝のための「念珠」として理解するとよいでしょう。

古代インドから伝わる仏具・法具として「念珠」を大切にすることは、他の宗派とは何も変わりません。

※「蓮如結び」は、浄土真宗の念珠のなかでも、二重の念珠（数珠）特有のものです。本式（布教、晨朝、得度）や女性用の念珠にみられ、宗派を問わない一重の略式の数珠にはあまりみられません。

Shin Buddhist Religious Services

布施
ふせ

Donation
ドネーション

基本単語

Property：財産、資産

Fearlessness：恐れのないこと

Cultivate：耕す、磨く

「布施」と聞くと、法要や法事のあとに御礼として僧侶に渡すお金のことだと理解されている方が多いのではないかと思います。その意味で、英語では「reward」(報酬)と表記するのではと思う方もおられるでしょう。しかし、「布施」は英語で「donation」と表現されます。
　「布施」とは、サンスクリット語の「dāna」に由来し、慈悲の心をもって他人に財物などを施すことを意味します。
　もともと「布施」には「財施」「法施」「無畏施」の3種類があります(経典によってはさらに細かく分かれています)。

財施(**property donation**):
金銭や衣服食料などの財を僧侶や貧者に施すこと

法施(**Dharma donation**):
人に仏の教えを説くこと

無畏施(**fearlessness donation**):
災難などに遭っている者を慰めたり、恐怖心を取り除くこと

　現在では、財施だけが「布施」の意味として使用されていますが、じつは3つを総称して「布施」というのです。これらはある意味「寛大さ・寛容さを高める行」でもあるため、英語では「**the practice of cultivating generosity**」と説明することもできます。
　「布施」で大切なことは、相手から見返りを期待しない、心からの感謝の気持ちをもつことです。この意味を踏まえるならば、「布施」は英語で「**present**」「**giving**」とも表現してもよいでしょう。

浄土真宗の仏事　88／89

Shin Buddhist Religious Services

法話
ほう　わ

Dharma Message
ダルマ　　　メッセージ

基本単語

Admire：称賛する、感心する
Profound：心からの、深い

「法話(ほうわ)」とは、僧侶が聴衆の前で「仏法を讃嘆(さんたん)する」ことを意味します。一般的には「説教」や「説法」という言葉のほうが馴染(なじ)み深いかもしれません。これらは英語では「**Dharma message**」や「**Dharma talk**」と表現します。

　「仏法を讃嘆する」ということを別の言い方にすると、「仏さまの教えを褒(ほ)め讃(たた)える」ということになります。そして、浄土真宗においては、「仏」は阿弥陀仏を指しますので、この意味を踏まえるならば、法話は「**To admire (the workings of) Amida Buddha**」(阿弥陀仏のはたらきを褒め讃える)とも英訳できるでしょう。

　そして、その「法話」を聴かせていただくことを「聞法(もんぼう)」といいます。英語では「**hearing the Dharma**」(法を聞く)や「**hearing Amida's workings**」(阿弥陀仏のはたらきを聞く)、「**receiving Amida's working**」(阿弥陀仏のはたらきを受けとめる)と表現できます。また、「聞法」は「聴聞(ちょうもん)」ともいいます。浄土真宗においては、特に「聴聞」の姿勢を大切にします。

　「聞法」も「聴聞」も、阿弥陀仏のお話を聞くことには変わりありませんが、意味合いに違いがあります。「聞く」というのは、音や声を耳に受けること、話などを情報として受け入れることですが、「聴く」には、注意深く内容を理解しようとする自主性が含まれています。よって、聴聞は「**deep listening**」や「**profound listening**」と英訳できるしょう。

　しかし、ここで気をつけなければならないのは、阿弥陀仏のはたらきは、最終的には聞こえてくるものであるということです。私たちが聴く姿勢をもつ、もたないにかかわらず、常に私たちに語りかけてくださっている阿弥陀仏のはたらきに気づかなければなりません。法話をとおして、この事実にめぐり合われることを願っております。

浄土真宗の仏事

英語で読み解く
『正信念仏偈』

**Reading
"Hymn of True Shinjin and the Nembutsu"
in English**

本書で学んだ仏教英単語も使って
『正信念仏偈』を読んでみましょう！！

正信念仏偈
Hymn of True Shinjin and the Nembutsu

帰命無量寿如来
I take refuge in the Tathagata of Immeasurable Life!

帰依する / 如来 / 無量寿

南無不可思議光
I entrust myself to the Buddha of Inconceivable Light!

帰依する / 不可思議光

法蔵菩薩因位時
Bodhisattva Dharmākara, in his causal stage,

法蔵菩薩

在世自在王仏所
Under the guidance of Lokeśvararāja Buddha,

世自在王仏

覩見諸仏浄土因
Searched into the origins of the Buddhas' pure lands,

浄土

国土人天之善悪
And the qualities of those lands and their human beings and devas;

天人

建立無上殊勝願
He then established the supreme, incomparable Vow;

最高の / 比類の / 願い

超発希有大弘誓
He made the great Vow rare and all-encompassing.

大いなる願い（誓い） 希有 / 全てを包括する

意訳

　私（親鸞聖人）は、量り知れない命の仏（阿弥陀仏のこと）に帰依し、思いはかることのできない不可思議な光の仏に帰依します。（阿弥陀仏が）法蔵菩薩（阿弥陀仏が仏になる前に修行していたときの名前）であったとき、世自在王仏（阿弥陀仏の師仏とされる如来）のもとで、諸仏の浄土の起源や、その国土、人間、神々の善悪を拝見され、この上ない最上の願を建てられました。その願は非常に稀なものであり、大いなる誓いを起こされたのでした。

五劫思惟之摂受
In five kalpas of profound thought, he embraced this Vow,
五劫　　　　思惟

重誓名声聞十方
Then resolved again that the Name be heard throughout the ten quarters.
　　名声　　　　　十方

普放無量無辺光
Everywhere the Buddha casts light immeasurable, boundless,
　　　無量　　　無辺

無碍無対光炎王
Unhindered, unequaled light-lord of all brilliance,
無碍　　無対

清浄歓喜智慧光
Pure light, joyful light, the light of wisdom,
清浄光　　歓喜光　　智慧光

不断難思無称光
Light constant, inconceivable, light beyond speaking,
　　不可思議

超日月光照塵刹
Light surpassing sun and moon is sent forth, illumining countless worlds;
　　　　　　　　　　無数の世界

一切群生蒙光照
The multitudes of beings all receive this radiance.
一切群生

意訳

　五劫（「劫」はサンスクリット語「**kalpa**（カルパ）」の音写で、仏教の世界の時間の単位を表し、極めて長い時間を表す比喩。ここではその **5** 倍の長さを表す）という長い間、思考されて、この誓願（阿弥陀仏の「念仏する者は、みな救われる」という願）を温かく包むように選び取られ、名号（阿弥陀仏の名）を十方（東・西・南・北の四方、北東・南東・南西・北西の四維と上・下の方角を合わせた **10** の方向。つまり、すべての場所）に及ぶすべての世界に聞こえさせようと、重ねて誓われました。

　この誓願（本願）を成就（具現化）された阿弥陀仏は、無量光・無辺光・無礙光・無対光・炎王光・清浄光・歓喜光・智慧光・不断光・難思光・無称光・超日月光と呼ばれる光を放ち、すべての国々と衆生（すべての生きとし生けるもの）を照らします。

本願名号正定業
ほんがんみょうごうしょうじょうごう
The Name embodying the Primal Vow is the act of true settlement,
　本願　　　　　　正定業

至心信楽願為因
ししんしんぎょうがんにいん
The Vow of entrusting with sincere mind is the cause of birth;
　至心信楽

成等覚証大涅槃
じょうとうがくしょうだいねはん
We realize the equal of enlightenment and supreme nirvana
　　さとり　　　　　　大涅槃

必至滅度願成就
ひっしめつどがんじょうじゅ
Through the fulfillment of the Vow of attaining nirvana without fail.
　成就　　　　　　必至滅度

意訳

　本願を成就した名号は、衆生が間違いなく往生する真に定まった行であり、至心信楽の願（阿弥陀仏が建てられた 48 ある願のうちの第十八願のこと）に表される「信」（受け入れ身を任せること）を浄土に往生する正因（正しい原因）とします。大涅槃に至り着く必至滅度の願（阿弥陀仏が立てられた 48 ある願のうちの第十一願のこと。「浄土に生まれた者は、必ずさとりに至らせる」という願）を成就して、さとりと最高の涅槃に等しい位に就きます。

如来所以興出世
にょ らい しょ い こう しゅつ せ

Śākyamuni Tathagata appeared in this world

釈迦　　　　如来

唯説弥陀本願海
ゆい せつ み だ ほん がん かい

Solely to teach the oceanlike Primal Vow of Amida;

弥陀の本願

五濁悪時群生海
ご じょく あく じ ぐんじょう かい

We, an ocean of beings in an evil age of five defilements,

悪時　　　　五濁

応信如来如実言
おう しん にょ らい にょ じつ ごん

Should entrust ourselves to the Tathagata's words of truth.

実言

意訳

　釈迦如来（釈尊）がこの世に現れたのは、ただ阿弥陀仏の海のような本願の教え（誓願と同じく、阿弥陀仏の「念仏する者は、みな救われる」という教え）を説くためです。五濁の海に浸る世の人々は、釈迦如来の真実の言葉に身を委ねるべきです。

能発一念喜愛心
_{のう ほつ いち ねん き あい しん}
When the one thought-moment of joy arises,
一念

不断煩悩得涅槃
_{ふ だん ぼん のう とく ね はん}
Nirvana is attained without severing blind passions;
煩悩

凡聖 逆謗斉回 入
_{ぼんじょうぎゃくほうさい え にゅう}
When ignorant and wise, even grave offenders and slanders of the dharma,
凡夫　　　　聖者　　　　罪を犯すもの　　　　法を謗るもの
all alike turn about and enter shinjin,

如衆水入海一味
_{にょ しゅ しいにゅうかい いち み}
They are like waters that, on entering the ocean, become one in taste with
一味
it.

意訳

　阿弥陀仏の救いに喜びが起こったとき、自ら煩悩を断ち切ることなく、涅槃に辿りつくことができます。凡夫、聖者、五逆（5つの重い罪。①父を殺すこと。②母を殺すこと。③阿羅漢を殺すこと。④僧〈サンガ：仏の教えに生きる仲間〉の和合を破ること。⑤仏身を傷つけること）を犯した者、法を非難した者、みな本願の海に入れば、海の一部となり、等しく救われます。

摂取心光常照護
せっしゅしんこうじょうしょうご

The light of compassion that grasps us illumines and protects us always;

摂取心光

已能雖破無明闇
いのうすいはむみょうあん

The darkness of our ignorance is already broken through;

無明

貪愛瞋憎之雲霧
とんないしんぞうしうんむ

Still the clouds and mists of greed and desire, anger and hatred,

貪　　愛　　瞋　　憎

常覆真実信心天
じょうふしんじつしんじんてん

Cover as always the sky of true and real shinjin.

意訳

　阿弥陀仏の光明（はたらき）は、いつでも衆生を包み、護ってくださいます。無明（真実を知らない）という闇はすでに破られているのですが、いつも貪りや怒りの雲や霧が、真実の信心の空を覆っているのです。

譬如日光覆雲霧
(ひ にょ にっ こう ふ うん む)

But thought the light of the sun is veiled by clouds and mists,

雲霧之下明無闇
(うん む し げ みょう む あん)

Beneath the clouds and mists there is brightness, not dark.

獲信見敬大慶喜
(ぎゃく しん けん きょう だい きょう き)

When one realizes shinjin, seeing and revering and attaining great joy,

即横超截五悪趣
(そく おう ちょう ぜつ ご あく しゅ)

One immediately leaps crosswise, closing off the five evil courses.

意訳

　しかし、これは日光が雲や霧に遮(さえぎ)られていても、それでもその下は真っ暗な闇ではなく明るいのと同じです。曇り空をイメージしてください。曇っていても、地上は真っ暗ではありません。薄暗いはずです。雲や霧に覆われていても、光は届いているということ。つまり、信を得て大いに喜び敬う人は、すぐに迷いの世界を横に飛び越えることができます。

一切善悪凡夫人
いっさいぜんまくぼんぷにん

All foolish beings, whether good or evil,
凡夫人

聞信如来弘誓願
もんしんにょらいぐぜいがん

When they hear and entrust to Amida's universal Vow,
阿弥陀如来の　誓願

仏言広大勝解者
ぶつごんこうだいしょうげしゃ

Are praised by the Buddha as people of vast and excellent understanding;
広大　　勝　　解

是人名分陀利華
ぜにんみょうふんだりけ

Such a person is called a pure white lotus.
清らかな　白蓮華

意訳

　善人、悪人を含むすべての凡夫は、阿弥陀仏の本願を聞き、身を委ねることで、仏によって広大ですぐれた智慧を得たものとして讃えられ、清らかな白蓮花（分陀利華）のような人と称されます。

弥_み陀_だ仏_{ぶつ}本_{ほん}願_{がん}念_{ねん}仏_{ぶつ}

For evil sentient beings of wrong views and arrogance,
悪　　衆生　　　　　邪　　　見　　　憍慢

邪_{じゃ}見_{けん}憍_{きょう}慢_{まん}悪_{なく}衆_{しゅ}生_{じょう}

The nembutsu that embodies Amida's Primal Vow
具現化する　　阿弥陀如来の 本願

信_{しん}楽_{ぎょう}受_{じゅ}持_じ甚_{じん}以_に難_{なん}

Is hard to accept in shinjin;
難しい　　受持する

難_{なん}中_{ちゅう}之_し難_{なん}無_む過_か斯_し

This most difficult of difficulties, nothing surpasses.
難中之難

意訳

　　よこしまな考えやおごりの気持ちをもつ者にとって、阿弥陀仏の本願を成就している念仏の教えを心から受け取ることは難しいことです。これは、難しさのなかでも最も難しいことであり、この上なく難しいことです。

印度西天之論家
いん ど さいてん し ろん げ

The masters of India in the west, who explained the teaching in treatises,

祖師たち　　西方インドの

中 夏日域之高僧
ちゅう か じち いき し こう そう

And the eminent monks of China and Japan,

高僧方

顕大聖興世正意
けん だいしょうこう せ しょう い

Clarified the Great Sage's true intent in appearing in this world,

顕かにした　　偉大な　聖者の　　正意

明 如来本誓応機
みょうみょう らい ほん ぜい おう き

And revealed that Amida's Primal Vow accords with the nature of beings.

明らかにした　　　　　　　　衆生の本質に寄り添って

意訳

　念仏の教えを説かれた西方のインドの諸師や中国と日本の高僧方が、釈迦如来がこの世に現れた本意を明らかにし、阿弥陀仏の本願が私たち衆生の本質に寄り添っていることをも証明されました。

釈迦如来楞伽山
Śākyamuni Tathagata, on Mount Laṅkā,
楞伽山

為衆告命南天竺
Prophesied to the multitudes that in south India
予言した　　群衆　　　　南天竺

龍樹大士出於世
The mahasattva Nāgārjuna would appear in this world
龍樹大士

悉能摧破有無見
To crush the views of being and nonbeing;
有無見

宣説大乗無上法
Proclaiming the unexcelled Mahayana teaching,
示す　　　　無上　　　大乗

証歓喜地生安楽
He would attain the stage of joy and be born in the land of happiness.
歓喜地　　　　　　安楽国

顕示難行陸路苦
Nāgārjuna clarifies the hardship on the overland path of difficult practice,
苦難　　　陸路　　　　難行

信楽易行水道楽
And leads us to entrust to the pleasure on the waterway of easy practice.
信じて任せる　　喜び　　　水路　　易行

意訳

　釈迦如来は 楞伽山（釈迦如来が『 楞伽経 』というお経を説いた山）で大衆に「南インドに龍樹菩薩がこの世に現れて、有無の見解を打ち破り、素晴らしい大乗の教えを説き、歓喜地（菩薩の **10** ある修行段階の位の **1** つ）の位に至り、安楽の国（浄土）に往生するだろう」とお話になりました。

　龍樹菩薩は、難 行 道（自力の修行によってさとりに至ること。この対義語が「易 行 道」。これは他力によってさとりの境地に至ることを指す）とは陸路を歩くような難しいものであることを明確にされ、私たちに水の上を船で渡る易行道に身を委ねることを示されました。

憶念弥陀仏本願
<small>おく ねん み だ ぶつ ほん がん</small>

He teaches that the moment one thinks on Amida's Primal Vow,
<small>深く思う</small>

自然即時入必定
<small>じ ねん そく じ にゅう ひつ じょう</small>

One is naturally brought to enter the stage of the definitely settled;
<small>正定聚</small>

唯能常称如来号
<small>ゆい のう じょう しょう にょ らい ごう</small>

Solely saying the Tathagata's Name constantly,
<small>如来号</small>

応報大悲弘誓恩
<small>おう ほう だい ひ ぐ ぜい おん</small>

One should respond with gratitude to the universal Vow of great
<small>報いる</small> <small>普遍の願</small> <small>大悲</small>

compassion.

意訳

　龍樹菩薩は、「阿弥陀仏の本願に身を委ねるとき、その者はおのずと正定聚<small>じょう</small><small>じょうじゅ</small>（必ず仏になることが決まった者）に入ります。よって、専ら阿弥陀仏の名前を称え、偉大な慈悲である不変の本願の恩に報いるべきです」と説かれました。

てん じん ぼ さつ ぞう ろん せつ
天親菩薩造論説
Bodhisattva Vasubandhu, composing a treatise, declares
天親菩薩

き みょう む げ こう にょ らい
帰命無碍光如来
That he takes refuge in the Tathagata of unhindered light,
無碍光

え しゅ た ら けん しん じつ
依修多羅顕真実
And that relying on the sutras, he will reveal the true and real virtues,
依る

こう せん おう ちょう だい せい がん
光闡横超大誓願
And make widely known the great Vow by which we leap crosswise
横超

beyond birth-and-death.
生死

意訳

　天親菩薩（世親とも）は『浄土論』を著され、「（自分は）無碍光如来（阿弥陀仏の別称。「障り、さまたげのない光」の意味）に帰依し、『浄土論』に基づいて阿弥陀仏の真実の功徳を明らかにし、横ざまに（つまり、順序にとらわれずに）生死を飛び越えて浄土に往生させる偉大な阿弥陀仏の本願を広く知れ渡らせます」と宣言されました。

広由本願力回向
By Amida's directing of virtue through the power of the Primal Vow,
廻向　本願力

為度群生彰一心
He discloses the mind that is single so that all beings be saved.
一心

帰入功徳大宝海
When persons turn and enter the great treasure-ocean of virtue,
大宝海　功徳

必獲入大会衆数
Necessarily they join Amida's assembly;
阿弥陀仏の御許（おそば）

意訳

　そして本願力の回向によって、一心（他力の信心の徳）がすべてのものを救うことを明らかにされました。さらに、人々が功徳の大宝海に入れば、必ず阿弥陀仏がおられる浄土に至ることを説かれました。

得至蓮華蔵世界
とく し れん げ ぞう せ かい

And when they reach that lotus-held world,

蓮華の 広がる世界

即証真如法性身
そく しょう しん にょ ほっ しょう じん

They immediately realize the body of suchness or dharma-nature.

真如　　　　法性

遊煩悩林現神通
ゆう ぼん のう りん げん じん ずう

Then sporting in the forests of blind passions, they manifest transcendent

煩悩の林　　　　　　　　　　　　　　　神通力

powers;

入 生死薗示応化
にゅうしょう じ おん じ おう げ

Entering the garden of birth-and-death, they assume various forms to

生死の庭

guide others.

意訳

　また、人々は蓮華の広がる世界（浄土）に往生すると、ただちに真如（「あるがままであること」を意味し、真実を指す）、法性（「真如」の同義語）をさとった身となり、煩悩の森（迷いの世界）を自由自在に移動し、神通力によって生死の庭に入っては、さまざまな形で衆生を導くことができることも説かれました。

本師曇鸞梁天子
Turning toward the dwelling of Master T'an-luan, the Emperor of Liang
　　　　　曇鸞大師　　梁の天子

常向鸞処菩薩礼
Always paid homage to him as a bodhisattva.
　　　　　　菩薩

三蔵流支授浄教
Bodhiruci, master of the Tripiṭaka, gave T'an-luan the Pure Land
菩提流支　　　　　　　　　三蔵　　　　　　　　　浄土教
teachings,

焚焼仙経帰楽邦
And T'an-luan, burning his scriptures on immortality, took refuge in the
　　　　　　　仙経
land of bliss.
極楽国土

意訳

　中国・梁の皇帝が常に菩薩と称した曇鸞大師は、インドからきた菩提流支三蔵から浄土の教えを授けられました。そして、曇鸞大師はかつて手に入れた不老不死を説く『仙経』を焼き、浄土の教えに帰依されました。

天親菩薩論註解
In his commentary on the treatise of Bodhisattva Vasubandhu,
注釈書　　　　　　　　　　　天親菩薩

報土因果顕誓願
He shows that the cause and attainment of birth in the fulfilled land lie in
報土因果
the Vow.
誓願

往還回向由他力
Our going and returning, directed to us by Amida, come about through
往還廻向
Other Power;
他力

正定之因唯信心
The truly decisive cause is shinjin.
決定的な要因

意訳

　曇鸞大師は、天親菩薩の『浄土論』を註釈して、浄土に往生する因（原因）も果（結果）も阿弥陀仏の誓願にあることを明らかにし、往相も還相も他力の回向によるものであると示されました。浄土へ往生するための正因は、信心ひとつです。

<ruby>惑<rt>わく</rt>染<rt>ぜん</rt>凡<rt>ぼん</rt>夫<rt>ぶ</rt>信<rt>しん</rt>心<rt>じん</rt>発<rt>ぼつ</rt></ruby>

When foolish beings of delusion and defilement awaken shinjin,

凡夫

<ruby>証<rt>しょう</rt>知<rt>ち</rt>生<rt>しょう</rt>死<rt>じ</rt>即<rt>そく</rt>涅<rt>ね</rt>槃<rt>はん</rt></ruby>

They realize that birth-and-death is itself nirvana;

涅槃

<ruby>必<rt>ひっ</rt>至<rt>し</rt>無<rt>む</rt>量<rt>りょう</rt>光<rt>こう</rt>明<rt>みょう</rt>土<rt>ど</rt></ruby>

Without fail they reach the land of immeasurable light

無量光

<ruby>諸<rt>しょ</rt>有<rt>う</rt>衆<rt>しゅ</rt>生<rt>じょう</rt>皆<rt>かい</rt>普<rt>ふ</rt>化<rt>け</rt></ruby>

And universally guide sentient beings to enlightenment.

衆生

意 訳

　煩悩具足の凡夫（煩悩をまとっている私たち生きとし生ける者）でもこの信心を得たなら、生死の世界がそのまま涅槃であることがわかります。間違いなく、量り知れない光明の浄土に至り、衆生をさとりへと導くことができると説かれました。

道綽決聖道難証
どうしゃくけっしょうどう なんしょう

Tao-ch'o determined how difficult it is to fulfill the Path of Sages,

道綽禅師　　　　　　　　　　　　　　　　聖道

唯明浄土可通入
ゆいみょうじょう ど か つうにゅう

And reveals that only passage through the Pure Land gate is possible for us.

浄土門

万善自力貶勤修
まん ぜん じ りき へん ごん しゅ

He criticizes self-power endeavor in the myriad good practices,

自力　　　　　　　　種々の善行

円満徳号勧専称
えん まん とく ごう かん せんしょう

And encourages us solely to say the fulfilled Name embodying true virtue.

一心に称える　　円満徳号

意訳

　道綽禅師は、聖道門（さまざまな自力の修行によってさとりを得る道。この対義語を「浄土門」といい、他力という阿弥陀仏の教えによって救われる道を意味する）を成就することはどれだけ難しいことなのかを説かれ、人々には浄土門の教えしか残されていないことを明らかにされました。道綽禅師は、自力の行ではなく、真実の功徳を成就している名号を称えることを勧められました。

三不三信誨慇懃
（さん ぶ さん しん け おん ごん）

With kind concern he teaches the three characteristics of entrusting and
三不三信
nonentrusting,

像末法滅同悲引
（ぞう まつ ほう めつ どう ひ いん）

Compassionately guiding all identically, whether they live when the
像法のとき
dharma survives as but form, when in its last stage, or when it has become
末法のとき   滅法のとき
extinct.

一生造悪値弘誓
（いっ しょう ぞう あく ち ぐ ぜい）

Though persons have committed evil all their lives, when they encounter
the Primal Vow,
弘誓

至安養界証妙果
（し あん にょう がい しょう みょう か）

They will reach the world of peace and realize the perfect fruit of
安養界   さとりの完全な結果
enlightenment.

意訳

　また、丁寧に 3 つの特徴をもつ信と不信の教えを示され、正法・像法・
（しょうぼう そうぼう）
末法・法滅のいつの時代＊においても、念仏の教えは人々を救い続けるこ
（まっぽう）
とを明かされました。たとえ一生涯悪行を犯しても、阿弥陀仏の誓願に出
逢うことができれば、人々は浄土に往生することができることを説かれま
した。

＊ 諸説ありますが、釈尊滅後の 500 年を正法、続く 1000 年を像法、その後の 1
　 万年を末法とし、釈尊滅後から時間の経過とともに仏法が衰えていったと考えら
　 れています。これを三時思想といいます。また、末法の時代を過ぎると仏法は消
　 滅してしまうと考えられており（法滅）、現在は末法の時代となります。

善導独明仏正意
Shan-tao alone in his time clarified the Buddha's true intent;
善導大師　　仏正意

矜哀定散与逆悪
Sorrowing at the plight of meditative and nonmeditative practicers and people of grave evil,
苦境　定　　散

光明名号顕因縁
He reveals that Amida's light and Name are the causes of birth.
光明　　名号

開入本願大智海
When practicers enter the great ocean of wisdom, the Primal Vow,
大智海

行者正受金剛心
They receive the diamondlike mind
金剛心

慶喜一念相応後
And accord [with the Vow] on one thought-moment of joy; whereupon,
一念

与韋提等獲三忍
Equally with Vaidehī, they acquire the threefold insight
韋提希　　三忍

即証法性之常楽
And are immediately brought to attain the eternal bliss of dharma-nature.
法性

意訳

　善導大師は、唯一、仏の教えの真意を明らかにされました。そして善悪すべての人を哀れみ、阿弥陀仏の光明と名号が往生の因となることを明確にされました。本願の偉大な智慧の海に入れば、行者はダイヤモンドのような堅い信を受け取り、喜びとともに、韋提希夫人（インドマガダ国のビンビサーラ王の妃。『観無量寿経』という経典の中で、阿弥陀仏の教えによって救われた）と同じく喜忍・悟忍・信忍の三忍（韋提希夫人が至った3つのさとりの境地。「忍」は、ここではさとりの境地を意味する）を得て、即座に浄土に往生することができると説かれました。

<ruby>源<rt>げん</rt>信<rt>しん</rt>広<rt>こう</rt>開<rt>かい</rt>一<rt>いち</rt>代<rt>だい</rt>教<rt>きょう</rt></ruby>

Genshin, having broadly elucidated the teachings of Śākyamuni's lifetime,

源信　　　　　　　　　　　　　　一代教

<ruby>偏<rt>へん</rt>帰<rt>き</rt>安<rt>あん</rt>養<rt>にょう</rt>勧<rt>かん</rt>一<rt>いっ</rt>切<rt>さい</rt></ruby>

Wholeheartedly took refuge in the land of peace and urges all to do so;

　　　　　　帰依　　　　　　安養

<ruby>専<rt>せん</rt>雑<rt>ぞう</rt>執<rt>しゅう</rt>心<rt>しん</rt>判<rt>はん</rt>浅<rt>せん</rt>深<rt>じん</rt></ruby>

Ascertaining that minds devoted to single practice are profound, those to

確認する

sundry practice, shallow,

雑行

<ruby>報<rt>ほう</rt>化<rt>け</rt>二<rt>に</rt>土<rt>ど</rt>正<rt>しょう</rt>弁<rt>べん</rt>立<rt>りゅう</rt></ruby>

He sets forth truly the difference between the fulfilled land and the

　　　　　　　　　　　　　　　　　　　　　　　　　　報土

transformed land.

化土

意訳

　源信和尚は、釈迦如来の教えを広く学ばれて、浄土に帰依され、すべての人々に住生浄土の教えを勧められました。

　源信和尚は１つの行に専念する信は深く、さまざまな行に向かう信は浅いことを確認され、源信和尚は報土（業に応じて報われる世界。阿弥陀仏が住する浄土）と<ruby>化<rt>け</rt>土<rt>ど</rt></ruby>（方便をとおして人々を教化してさとりの世界に導く世界）という世界の違いを建てられました。

英語で読み解く『正信念仏偈』

極重悪人唯称仏
ごくじゅうあくにん ゆいしょうぶつ

The person burdened with extreme evil should simply say the Name:

極重悪人　　　　　　　　　　　　　仏の名を称える

我亦在彼摂取中
が やくざい ひ せっしゅちゅう

Although I too am within Amida's grasp,

摂取

煩悩障眼雖不見
ぼん のうしょうげん すい ふ けん

Passions obstruct my eyes and I cannot see the light;

煩悩　　　　　遮断する

大悲無倦常照我
だい ひ む けんじょうしょう が

Nevertheless, great compassion is untiring and illumines me always.

大悲　　　　　　　無倦　　　　常照我

意訳

　そして、罪の重い悪人はただ阿弥陀仏の名を称えるべきであると説かれました。源信和尚自身も阿弥陀仏の光明の中に包まれていますが、煩悩によって眼が遮られ、その光明を見ることができませんとおっしゃいます。しかし、それでも阿弥陀仏の偉大な慈悲の光明は、源信和尚を見捨てることなく常に照らしてくださっていると述べられました。

本師源空明仏教
（ほん し げん くう みょう ぶっ きょう）

Master Genkū, well-versed in the Buddha's teaching,

源空上人　　　　　精通した

憐愍善悪凡夫人
（れん みん ぜん まく ぼん ぶ にん）

Turned compassionately to foolish people, both good and evil;

　　　　慈悲深く　　　　　凡夫

真宗教証興片州
（しん しゅう きょう しょう こう へん しゅう）

Establishing in this remote land the teaching and realization that are

the true essence of the Pure land way,

浄土門の真の要

選択本願弘悪世
（せん じゃく ほん がん ぐ あく せ）

He transmits the selected Primal Vow to us of the defiled world:

　　　　選択本願　　　　　　　　悪世

意訳

　源空上人（法然上人）は、深く仏の教えを学ばれ、慈悲深く善悪のすべての凡夫を哀れみ、聖地インドから遠く離れた国（日本）において浄土教の教えの本質を明らかにされ、選択本願の法（『選択本願念仏集』の教え）を五濁の世（仏法の衰えた時代、末法の世のこと）に弘められました。

※仏教では、布教という意味で使用するときは、「弘める」を使用します。

英語で読み解く『正信念仏偈』

還来生死輪転家
Return to this house of transmigration, of birth-and-death,
輪廻

決以疑情 為所止
Is decidedly caused by doubt.
疑いが明かな因となる

速入 寂静無為楽
Swift entrance into the city of tranquility, the uncreated,
寂静　　　　　未だ造られていない

必以信心為能入
Is necessarily brought about by shinjin.
もたらされる

意訳

　そして、生死という迷いの世界を輪廻し続けるのは、本願を疑うことが原因であり、すみやかにさとりの世界に入るには、本願を信じることが必要であると述べられました。

弘 経 大 士 宗 師 等
ぐ きょうだい じ しゅ し とう

The mahasattvas and masters who spread the sutras
　　摩訶薩　　　　　　諸師

拯 済 無 辺 極 濁 悪
じょうさい む へん ごく じょく あく

Save the countless beings of utter defilement and evil.
　　無数の存在　　　　　　極濁悪

道 俗 時 衆 共 同 心
どう ぞく じ しゅ ぐ どう しん

With the same mind, all people of the present, whether monk or lay,
　　共同心　　　　　　　　　仏道を歩む者・世俗に生きる者

唯 可 信 斯 高 僧 説
ゆい か しん し こう そう せつ

Should rely wholly on the teachings of these venerable masters.
　　　　　　七人の高僧

意訳

　　浄土の教えを弘められた祖師方（これまで親鸞聖人が述べられた 7 人〈龍樹菩薩、天親菩薩、曇鸞大師、道綽禅師、善導大師、源信和尚、源空上人〉の高僧。浄土真宗では「七高僧」と呼ぶ）は、数えきれない五濁の世の衆生を救われます。出家者、在家者の隔てなく、現在の世のすべての人々は、同じ信をもって、ただこの高僧方の教えを仰ぎ、拠り所とするべきです。

英語で読み解く『正信念仏偈』　122 ／ 123

原文：
　『浄土真宗　聖典―勤行集―』（本願寺出版社）**pp.2-16**。

英訳：
　The Collected Works of Shinran **(Kyōto: Jōdo Shinshū Hongwanji-Ha, 1997), pp. 69-74** より転載。

意訳：以下を参考にした。
　浄土真宗教学研究所浄土真宗聖典編纂委員会編『顕浄土真実教行証文類（現代語版）』（本願寺出版社）。
　大來尚順『超カンタン英語で仏教がよくわかる』（扶桑社）。

あとがき

　今から17年前、京都の龍谷大学に入学し、真宗学をとおして仏教の勉強を始めることになりました。しかし、その傍ら、好きだった英語の勉強を仏教の研究に活かせないものかと考え、さまざまな教授に相談しているなかで、開教使という存在を知りました。開教使とは、仏教伝道のために国外への布教に携わっている僧侶のことをいいます。

　この開教使になるために必要な知識や能力を磨くカリキュラムとして、龍谷大学には開教使課程が開講されており、今思えばこのカリキュラムを履修し始めたことが、この本を書くきっかけとなりました。

　開教使課程のなかで実施される英語での諸経典の勉強は、漢文・日本語・英語、時にはサンスクリット語やパーリ語などの言語比較をしながら経典をじっくり読み込んでいくということもあって、日本語で仏教や真宗学の勉強をした内容の復習や理解深化にも繋がる素晴らしい時間でした。

　そして、開教使課程を終了し、開教使になる予定でいましたが、その前に不十分な英語力を補う必要性を感じアメリカの大学院へ進学しました。そこで初めて日本で学んだ英語の仏教用語を使いながら一緒に研究に励む外国人の学友たちと議論する機会に恵まれました。

　そこで改めて感じたのが、英語で考えたほうが仏教用語を理解しやすいということでした。その理由を探ってみると、それは英訳された仏教用語は単に漢字を英訳しているのではなく、その仏教用語の本来の意味を抽出したものが英訳されているからだということがわかりました。

　この発見を新鮮な感覚として活用し、難しい漢字が並ぶ数々の仏教用語のイメージから仏教は難解であると先入観をもっていた方々に向けて、基本的な仏教用語や仏教思想を紹介させていただいたのが、私の初めての著書『英語でブッダ』（扶桑社）でした。

　そして、処女作から3年の歳月を経て、その間ずっと切望していた浄

土真宗の教えを同じ手法で紹介するという願いが叶い、このたび『カンタン英語で浄土真宗入門』を出版させていただくことになりました。

じつは、この本の出版は私個人の願いだけではなく、アメリカで出会った一人の師から託された願いでもありました。私の師である本田正静先生は、50 年以上もアメリカで生活し、最後まで現地の人々に浄土真宗の教えを伝道すべく尽力された方でした。その師が生前、私にいつも言われていたことがあります。それは、「私は浄土真宗の教えをどうすればアメリカの人々に伝えることができるのか頭を悩ませ続けてきた。しかし、それは現代の日本人に伝道する上でも大事なことである」ということでした。私は師からは、伝道への姿勢と、英語圏での伝道ならではの視点や言葉の表現を教わりました。

そして、師の願いとは別に、もう 1 つ大事なことがあります。それは、日本から突然やってきた私を温かく迎え入れ、アメリカをはじめとする国外での研究や生活を支えてくださった多くの教授、開教使の先生、そして現地の浄土真宗門徒の方々の想いです。

この本には、私を介して数えきれない人々の想いが込められていると思っています。その想いが一人でも多くの方に届けば、これほど嬉しいことはありません。

最後に、本という形での私の恩返しを実現していただいた法藏館社長の西村明高氏、構想から編集に至るまでご尽力いただいた編集部の今西智久氏、そして英語の校正をしてくださった **Brian Kensho Nagata** 氏と監修をしてくださった恩師の那須英勝先生に、心から感謝申し上げます。

2018 年 6 月 2 日

大來　尚順

大來尚順（おおぎ しょうじゅん）

1982年、山口市（徳地）生まれ。龍谷大学卒業後に渡米。米国仏教大学院に進学し修士課程を修了。その後、同国ハーバード大学神学部研究員を経て帰国。僧侶として以外にも通訳や仏教関係の書物の翻訳なども手掛け、執筆・講演メディアなど活動の場を幅広く持つ。2019年、龍谷大学龍谷奨励賞を受賞。
著書に『超カンタン英語で仏教がよくわかる』（扶桑社）、『訳せない日本 日本人の言葉と心』（アルファポリス）、『西洋の欲望 仏教の希望』（サンガ）、『小さな幸せの見つけ方』（アルファポリス）など多数。

カンタン英語で浄土真宗入門

2018年7月10日　初版第1刷発行
2020年4月10日　初版第3刷発行

著　　　者	大 來 尚 順	
発 行 者	西 村 明 高	
発 行 所	株式会社 法藏館	

〒600-8153
京都市下京区正面通烏丸東入
電　話　075(343)0030(編集)
　　　　075(343)5656(営業)

ブックデザイン　今津聡子
印刷・製本　中村印刷株式会社

©S. Ogi 2018 *Printed in Japan*
ISBN 978-4-8318-2502-5 C0015
乱丁・落丁本の場合はお取替え致します

真宗入門	ケネス・タナカ著　島津恵正訳	2,000 円
親鸞聖人の生涯	梯　實圓著	1,800 円
ブッダの小ばなし　超訳百喩経	釈　徹宗監修 多田　修編訳	1,000 円
ことばの向こうがわ　震災の影 仮設の声	安部智海著	1,100 円
お盆のはなし	蒲池勢至著	1,200 円
墓のはなし	福原堂礎著	952 円
数珠のはなし	谷口幸璽著	971 円
仏壇のはなし	谷口幸璽著	952 円
袈裟のはなし	久馬慧忠著	1,200 円
葬式のはなし	菅　純和著	1,000 円

法　藏　館　　　　　　価格は税別